右傾化・女性蔑視・差別の

日本の「おじさん」政治

前川 喜平

能川 元一

梁 英聖

梁 永山聡子

編集　梁 永山聡子

はじめに

『右傾化・女性蔑視・差別の日本の「おじさん」政治』を手に取ってくださりありがとうございます。

まず、「おじさん」政治という本のタイトルをみて、「なんだ？」と思った方も多いはずです。これは「中年老年男性」全員を敵として見ているわけではないのです。

安倍政権以降右傾化や憲法改正の政策が顕著になってきました。「女性蔑視」発言をした東京オリンピック・パラリンピック大会組織委員会トップであった森喜朗会長。この方は総理大臣の時にも「日本は神の国」と発言して批判を浴びました。また「セクハラという罪は無い」と発言したり、部落差別発言をした麻生元首相。ともに総理大臣を経験した重鎮たちです。安倍・菅政権は、彼らに支えられて右傾化の政策を進められたのです。これらの背景に多くの国会議員が加盟している「日本会議」の存在があります。日本会議のめざすものは「皇室を敬愛し、皇室を中心に同じ民族としての一体感をいだき国づくりにいそしんできました」そのような国にもう一度する。そこには戦前の家父長制度への回帰志向があると思います。もうひとつの特徴は経済の新自由主義政策です。その原理は競争に敗れたものは自己責任、貧困の自己責任です。あたかも平等な競争の結果であるようにします。

このような重鎮たちに支えられた、右傾化・女性蔑視・差別の政治を「おじさん」政治と本書では称しました。それらを傍観している人々も同様です。したがって「おじさん」と称しますが、年齢・ジェンダー、出身地、国籍、宗教など全く関係なく、「おじさん」は存在していると考えています。

過去から学び、今を直視し、未来を創造する

「別に今は困ってないからいいんじゃない」と思っている人もいるでしょう。しかし、それは大きな間違いと思います。このまま「おじさん」政治が温存されて女性蔑視、差別などが続く限り、誰もがいきいきと生きられる社会にはなりません。それらに「ＮＯ」を突きつけ、社会変革を願い行動している人々もたくさんいます。本書では現代の「おじさん」的社会を変えなくてはならないと思考し、行動しているよりすぐりの論人たちに登場していただきました。あえて編者以外はジェンダー的には「男性」というカテゴリーに入る方々に集ってもらっています。こちらも狙いの一つです。『教育の右傾化と「おじさん」政治』の章は、文部科学省事務次官から教育変革家（と私はしました）になられて、活動されている前川喜平さんに私がインタビューしました。ここで述べられていることは現代の日本社会を理解する上での「基礎」であると感じました。日本社会を「おじさん」化してきた人々の歴史と思考を知るには最適です。

『日本の政治を取り戻す……おじさんたちから』の章は能川元一さん。『日本ではなぜレイシズムが理解されないのか』の章は梁英聖さん。それぞれ、私が司会をしているトークイベント「聡子の部屋」、東京・浅草田原町の書店（Readin' Writin' BOOK STORE 二〇一九年一二月から現在も開催中）での対談を大幅加筆修正したものです。

本書の最後に、編者の梁・永山聡子が、在日朝鮮人三世の社会学者でありアクティビストの視点から、韓国と日本の社会運動についての言及をしました。日本と韓国は隣国で歴史的にも繋がりが長いにもかかわらず、日本には韓国に対する誤解と蔑視があります。この誤解と蔑視が続くのも「おじさん」政治の結果です。韓国の社会運動などを知ることは韓国への誤解を解くことにもなると思います。一方で日本と韓国との文化交流は現在盛んになって来ています。また日韓の若い人たちは誤解と蔑視には関係なく文化を通して新たな関係を見出そうとしているのではないかと思い、それらも上梓しました。

以上のように本書は「おじさん」政治を色々な角度から指摘しているので、読み終わった後に、なるほど！これが「おじさん」政治本質か、と理解し、どうしたらそこから脱却し、誰もが差別されずにいきいきと生きられる社会になるのかを考え、行動する素材になってくれたら幸いと思います。

梁・永山聡子（社会学・ジェンダー研究）

目次

教育の右傾化と「おじさん」政治

前川喜平

一九七九年文部省（当時）入省、二〇一二年文部科学省大臣官房長、二〇一三年初等中等教育局長、二〇一六年文部科学事務次官。二〇一七年退官。現在は右傾化を深く憂慮する一市民として、また自主夜間中学のスタッフとして活動。現代教育行政研究会代表。

国旗国歌の法制化への道

はじめに

聡子　前川さんの著書を読みました。東京の朝鮮学校の無償化裁判支援をしていたので、前川さんの朝鮮学校に対する発言に親近感を持っています。さらに、なぜ、日本が右傾化・レイシズムが台頭しているなか、朝鮮学校の無償化の正当性を発言ができるのか、ものすごく期待しているとともに、疑問もありました。ですので、本日直接前川さんに聞ける機会がありとてもワクワクしております。前川さんには、政治家、知識人の発言が右傾化する背景などをお聞きしたいと思います。

前川　私は当年六六歳で（二〇二一年）、一九七九年に昔の文部省に入りましてね、ずっと役人やってたというだけで、自己紹介といってもあんまり面白いものはなにもないんです。三八年間国家公務員していましたが、その間、文部科学省の中では国会との関係を調整するような仕事が多かったですね。政治家と付き合わざるを得ない立場が多かったんですよ。たとえば、大臣官房総務課長とか、大臣官房長とか、事務次官もそうですけど。こういう仕事というのは政治と付き合わざるを得ない、現場のほうを向かずに永田町ばっかり向いているような仕事ですね。ただ、現場と繋がる仕事としては初等中等教育が多かったです。初等中等教育というのは幼稚園から高校までの学校教育を扱う仕事ですけども。その中で、今の高校無償化の中での朝鮮学校の扱いなんかも担当しましたし、あるいは、今でも関わっている仕事としては夜間中学を応援するような仕事とかね。そんなのをやりましたけど、やりたい仕事でできたのはあんまりない。どうしたって政権のもとで仕事するわけですから、政権がやらないものはやりようがないです。

朝鮮学校を無償化の対象にできなかったというのは、もう、この自公政権のもとではできなかったですね。ただ、民主党政権もその点では責任あるんですよ。民主党政権の中でもぐずぐず、結論を出さずにいたっていうのはありましたからね。まあ自己紹介といってもそんなもんですかね。

なぜ官僚になられたのでしょうか?

前川　そんなにね、すごく使命感をもって入ったわけじゃないんですよ。私が入った一九七〇年代って、日本の高度成長がちょっとこう、陰りが見え始めた頃で、これ

前川喜平氏（写真右）とインタビューア梁・永山聡子

からは物の豊かさよりも心の豊かさだとか、成長社会から成熟社会だとか、こんなことが言われ始めた時代で、あまり経済官庁に魅力感じなかったんですよね。それよりも人間そのものに関わるような分野の行政をしたいなと思って、国家公務員試験は受けたんですけども、人間に関わる仕事っていうと、当時の役所でいうと文部省、労働省、厚生省あたりなんですけどね。その中でもやっぱり、人間の精神的な活動に関わるような部分いいなと思って、それで文部省、心の豊かさってことを考えたときに。

ただ、文部省に入るっていうのは実は入るときから抵抗感はあったんですよ。文部省っていうのが非常に古色蒼然とした、国家主義的な傾向を強く持った役所だっていうことはわかってたし、法学部で憲法の勉強もしてましたから、教育に関わる裁判ね、家永教科書裁判だとか、学力テストの裁判だとか、そういう裁判があって、当時の文部省がどういう主張をしているか、つまり国家権力を背景にして国民を教える権力は我々にあるんだ、って言ってましたからね。私自身はそう思ってなかったですから。学ぶことは自由なんだって考え方を持ってたわけですから。だから文部省に入るときから、組織と自分との間にはギャップがあるってことをわかって入ってたんですよね。だから三八年間ずっとそういうギャップっていうかな、組織が求める方向と、自分が行きたい方向は違うっていう、違和感はずっと抱えながら仕事してた。ただそれはね、ギャップがあるんだと、違うものなんだっていうことを初めからわかってるから、逆にいうとあんまり悩んでない。

聡子　失望もしなかったということですか。

前川　初めから期待しないで入ってますからね。

前川　その代わり自分ができる範囲でなんとかしたいという気持ちがあったわけで。でもそのためにはやっぱり偉くならなきゃいけないいんですね、出世の階段上がらないとできることもできない、ということで、面従腹背《めんじゅうふくはい》しながら上の政治家にはうまく折り合いつけながら、やれって言われたことについてはやりたくなくてもやりましたよ、それは。教育基本法の改正なんか全然やりたくなかったけども。

　でも組織の一員としてはやりました。教育基本法の改正案の作成そのものに携わったわけじゃないんですけども、改正案を通すための国会対策なんかやってたわけですよ。だから二〇〇六年の教育基本法の改正に関しては私も一端の責任を負ってるわけですよね。でも私個人としてはあんな改正すべきでなかったと今でも思ってますけどね。まあそんな感じで、なんというか、本性隠しながら生きてたんですよね。

聡子　分裂しないんですか。

前川　だからそれはもう、分裂してるっていうか、自分の中の内心は分裂してないんですよ。でも負わされている役割との間では分裂してるので、そこはもうなんていうか、演じてたっていうかね。割り切ってたというか。ただ、たとえば右向け右と言われたときに九〇度向くのか、八〇度なのか、六〇度なのか、というところが違うわけですよね。だから右向け右って右ばっかり向かされたら右ばっかり、右傾化ですからね。右ばっかり向かされたんだけど、九〇度向くんではなくて、六〇度ぐらいに留めておいて、機会があったら三〇度こっちに戻すし、もう一遍機会があったらもう一遍三〇度こっちに戻す、そういうことを、繰り返しながら生きてたんですよね。

国旗（日の丸）国歌（君が代）の法制化と教育基本法について

聡子　私ギリギリセーフで「国旗国歌法」をすり抜けたんですよ。とくに在日朝鮮人であったことを隠したことはなかったこともあり、高校（都立）では、「後ろ向いていいよ」「歌わなくていいよ」と、教員が言ってくれたのでとても安心していました。特に狙ってはいなかったのですが、大学は明治学院大学、大学院は一橋大学で、どちらの大学も国旗（日の丸）国歌（君が代）はなかったのです。しかし、国旗国歌法が法制化されてから学校に通っている人たちは、国旗（日の丸）国歌（君が代）が当たり前になっています。

今の若者は日本の国歌国旗が持つ問題を知らないのが現実です。この「当たり前」に君が代を国歌として歌い、日の丸を国旗として認識している背景に、国家の右傾化が関係していると思います。

文科省の中にいた前川さんはどうお考えでしょうか？

前川　私自身は入学式だとか卒業式だとかに必ず日の丸を掲げて君が代を歌わなきゃいけない理由なんてないと思うんですよね。むしろ必然性なにもないと思う。しかし学習指導要領に書いてあるわけですよね。学習指導要領は法的拘束力があるといってその通りにやらないと法令違反なんだという主張をずっと文科省はやっていて。それ自体は最高裁判所でも支持されてる考え方なんですよね。

君が代の斉唱を職務命令で校長が教員に命じて、しかもそれを国旗のほうを向いて大きな声で直立不動で歌いなさいなんていうのはね、これは内心の自由、思想良心の自由を侵すものだと私は思います。だけど、日本の最高裁判所はそれを思想良心の自由の侵害だと言ってないんですよね。思想良心の自由に関係はするけれども侵害にはなっていないなんて言うんですよね。これは私おかしいと思ってます。だけど、最高裁判所が認めているものは、いくら裁判しても最終的にはその部分では負けちゃうんですよね。処分がおかしいだろっていうことは、部分的には原告の教職員が勝ったりするんですけどね。

しかし、君が代を歌うよう命じること自体が違憲だっていう判決は出てないわけですね、最高裁までいくと。私は日本の司法そのものがバイアスかかってるなって前から思ってますけど。私自身は面従腹背ですから歌ってたんですよ。文科省も学校でやれやれって言っている以上、いろんな儀式のときに文科省自身も歌うんです。

聡子　えっ？君が代、歌うんですか。

前川　君が代歌うんですよ。

聡子　入省式とかですか？

前川　うーん、入省式も歌ってたかもしれないな。あとね、永年勤続表彰なんてあったり、二〇年勤めるとメッキの盃をくれたりするんですよ。あんなものもらってもしょうがないんだけど。今どき二〇年勤めたから表彰するなんていうこと自体がおかしいんですけどね。二〇年勤めたって四〇代でしょ。そのとき永年勤続表彰ってもらうわけですよ。あんな制度本当やめたらいいと思っていて、次官でいる間にやめようと思ってたんだけど、やめる前に僕が辞めちゃったんだけど。その永年勤続表彰式のときにやっぱり歌いますよ、君が代を。

聡子　それは参加者が歌うということですか？

前川　表彰される側の人達が。職員たちがね、歌うんですよね。そういうことをやってんだけども、もちろん文科省の中で。そこで歌わないという人はちょっといない。私は面従腹背がもう習い性となってるというか、これが当たり前だという環境の中で何十年もいたんでですね、私自身は自分の良心に反することを平気でできるっていう、もうそれ自体本当は問題なんだけど、これは自分の良心とは違うってことを割り切ってやるってことが日常茶飯だからできちゃう。良いとは思いませんよ。でもそうやって生き延びてきたってところありますからね。でも歌いたくないっていう人が、自分の信念を貫いたとしてもなんらの不利益を被らないっていうのが本来自由な世界、自由な社会のありようだと思うんですよね。だから私はもう国旗国歌、日の丸君が代を学校に押しつけるというのは本当間違った政策だと思っています。

国旗国歌の法制化

この政策はどのへんから始まったかといったら、岸信介（戦時中満州国総務庁次長から商工大臣、戦後A級戦犯の後に公職復帰。安倍晋三の祖父）が首相になった内閣なんですよ。岸信介内閣で、一九五八年ね。学習指導要領っていう学校の小中高等学校のカリキュラムの目安になるようなものを、文部省が最初に作ったのは一九四七年ですけど、最初に作られた学習指導要領というのは本当に手引書だったんですよね。学習指導の要領っていう感じで。要するに手引書。特に社会科なんて初めて作られた教科だから、民主主義社会の担い手を育てるための教科として、非常に大事だったわけですけどね。でもその社会科ってそれまで教えた先生一人もいないわけですから。やっぱり手引きが必要だった。その手引書だったものを岸信介内閣のときに、告示にしたんですね。単なる手引書だったものを告示として法令の一種にしちゃったの。告示としてこれは法的拘束力を持つって言い始めたんですね。

それは、道徳の時間が始まったのと同時なんですよ。二〇一八年度から道徳が教科化されましたけど、教科になる前の道徳ね。私なんかも学校で道徳の時間ありましたよ。それは教科じゃなかったけども。道徳の時間は一九五八年に始まったんです。それ以前の日本の戦後教育受けてる人は道徳の時間もなかったんです。

岸内閣による道徳の学習指導要領の作成

この道徳の時間も始めたのは岸信介内閣で、そのときに道徳の学習指導要領も初めて出来たわけですよ。そのときの学習指導要領ですね、一九五八年にできた告示化された学習指導要領の中に、特別活動の中の記述として「国旗」と「君が代」という言葉が入ったんですよね。それが始まりなんですよね。

岸信介内閣っていうのはやっぱり反動的な内閣だった、戦前に戻ろうとする力があったんですよ。ただしそのときの書き方は入学式卒業式に言及したものじゃなかったんですよ。国民の祝日って書いてあったんです。国民の祝日などに儀式を行う場合には、日の丸を掲げ君が代を歌うよう指導することが望ましい、と書いてあった。今の書きぶりと違うんですよ。まずどういう場面で日の丸君が代を用いるのかっていうと国民の祝日だって書いてあった。例示として書いてあったのはね。もちろんその中に入学式・卒業式が入ってるんだって当時から言ってたかもしれませんけど、真っ先にあげていたのは国民の祝日なんですよ。

まだ戦後間もない頃はね、国民の祝日に児童生徒を学校に集めて儀式やってたんですよね。今は先生だって生徒だって、休みの日なんだからなんで学校行くの?となっていて、国民の祝日に学校で儀式を行うなんてことはもう全くしなくなっています。だけど今でも旗日なんて言葉が残ってますね、旗日って日の丸掲げる日だっていう意味ですよね。戦前の習慣がまだ戦後残ってた。戦前は特に国民の祝日っていう中でも四大節、四つの大きい記念日があった。

これが一月一日と、二月一一日紀元節と、それから昭和の時代は四月二九日の天長節、天皇が生まれた誕生日。それから一一月三日、明治節、明治天皇の生まれた誕生日。この四つは最重要の祝日だった。必ずこの四つの祝日には学校で儀式をやったわけですよね、戦前はね。そこで天皇皇后の肖像写真、御真影って言ったのですね、御真影にお辞儀をして、校長先生が教育勅語をうやうやしく奉読するようなことをやってた。こういうやり方で、天皇制国家の臣民意識ってものを植えつけるってことをやってたわけですけど。国民の祝日に子供たちを集めるっていうのは戦後も少しやってたんですよね。だから一九五八年の学習指導要領にも、国民の祝日などにおいて儀式を行う場合には、国旗を掲揚し、君が代を—この時は国歌とは言ってない—君が代を斉唱するよう指導することが望ましい、とある。だからまだ控えめな書き方だったんですよ。「望ましい」としか書いてない。必ずやれとは言ってないんですよね。

だけどその後文部省はどういう風に指導したかというと、やりなさいやりなさいとずっと指導し続けて、学習指導要領上は望ましいとしか書いてないんだけども、これをちゃんと教育委員会が責任もってやれと。校長は責任もって教職員に職務命令を出せと。こういう指導をずっとやっていて、長い間文部省では各県ごとに入学式や卒業式で日の丸掲げたか、君が代歌ったかっていうのを確認してね、国旗掲揚率、国歌斉唱率なんていう数字があったんですね。なになに県では国旗掲揚率は上がったけど国歌斉唱率が上がってないとかね、こんな数字を毎年集計してましたよ。

中曽根内閣による国旗掲揚・国歌斉唱の指導

政治の右傾化の流れの中で、一九八九年に改訂された学習指導要領で今の形になったんです。その検討が始まったのは中曽根政権（第七一～七三代内閣総理大臣）の時でした。中曽根さんという人ははっきり言ってかなり右翼的な政治家ですからね。学習指導要領の記述がどう変わったかというと、国民の祝日を例示に出すんではなくて、入学式卒業式を例示に出して、入学式卒業式等において儀式を行う場合には、国旗を掲揚し国歌を斉唱するよう指導するものとする、っていう記述にした。

かつての学習指導要領では、「望ましい」って書いてあったものを、指導する「ものとする」っていう書き方にした。「ものとする」っていう言葉は法令用語としては、義務付ける、という意味なんですよね。だから学習指導要領という法的拘束力のある法規によって日本中の学校に対して、国旗を掲揚し国歌を斉唱するよう指導することを義務付けたということなんですよ。だからもう全国の公立の小中高等学校はかなりそれが進みましたね。

だけど私立では違った。学習指導要領というのは学校の設置者のいかんに関わらずすべての学校に適用される法規なんだって文科省言ってるわけですよ。公立学校だけに適用してるわけじゃないんですよ。ところが私立の学校はね、全くもう完全無視している学校ってたくさんあるわけですよ。私立の学校で君が代を歌ってるかっていったら歌ってないところたくさんありますよ。あれは学習指導要領違反だって言わなきゃおかしい、本当は、文科省が。だけどそこはダブルスタンダードになってるんです。

実際の運用においては、公立学校は締め付けるんだけど私立学校は野放しです。なぜかっていうと私立学校は政治力が強くて、私立学校の人達は自民党にお金出したりしてね、自民党の国会議員と繋がってますから。私立学校に強く指導することを、もちろん私立学校の人達は望まないので、私立学校に対して文科省が強く言えないっていう問題になってる、上の政治が私学と繋がってるもんだから。公立学校に対しては厳しく言うけど私立には甘い。こういう二重の基準、ダブルスタンダードが行われている。

一番の悲劇が起きたのは、広島県の世羅《せら》高校っていう高校で石川さんという校長先生が、教育委員会と教職員組合、さらに部落解放同盟との板挟みにあって、卒業式の前日に自殺するっていう事件が起きたんですよね。あれは九九年二月末でした。それをきっかけに早々に国旗国歌法を制定したんですよね。だけど、国旗国歌法があったらああいう事件が起きなかったかと言ったらそんなことはないですよ

むしろもっと板挟みになったかもしれない。だけど、国旗国歌に反対する人たちがもう反対できないようにしようとした。たとえばあの頃は、国旗国歌に反対する人たちは論理として、どこで国旗国歌と決めたんだと。国旗国歌だって誰も決めてないじゃないかと。国旗を掲揚しろとか国歌を斉唱しろって言うけども、それは日の丸君が代だっていう根拠はどこにあるんだっていう、こういう攻め方もあったんですよね。それでそういう攻め方ができないように法律で決めるだっていうんで国旗国歌法ができたんですけども。

国旗国歌法を推進したときの自民党の中の野中広務さんなんかは、ああいう不幸な事件が起きないようにするんだって説明してましたけどね。広島の問題というのは単に教職員組合じゃなくて部落解放同盟が一緒に反対してましたから。むしろ部落解放同盟が非常に強く反対してたわけですね。

部落解放同盟はもちろん被差別部落の差別をなくすんだ、という考え方、それは当然のことですけど、併せて天皇制に反対してるわけですよね。天皇制というのは明らかな身分差別ですから。人間と人間の間に身分の違いがあるんだっていう制度を残している。象徴天皇とはいえやっぱり特別な人なんだという、身分差別を残してるじゃないかと、戦後の日本も。その身分差別を是認する歌でしょ、君が代というのは。というので、そういう観点からの反対をしていたわけです。

教職員組合のほうはそういう観点もあるかもしれないけど、これは戦争に責任のある歌だと。戦争中に日本は正しい、天皇のために死ぬのは正しい、それから天皇のために他国に侵略して他国民を殺害するのも正しいって、戦争を正当化するための歌だったんじゃないのと。

そういう意味で、反戦という考え方から君が代を歌わないっていう人もいるし、一方で平等という観点から君が代を歌わないっていう人もいる。その二つ、両方が非常に強い世論というかな、勢力としてあったんですよね。

広島県教職員組合は非常に強かったですよ。だからその間の板挟みになっちゃった。板挟みになったってことは教職員が反対するのに上からやれと、強く圧力かけたわけですけども。当時の文部省、まだ文部科学省になる前の文部省の責任は大きいんですけど、もっと直接的には文部省から出向していた教育長なんですよ。この国旗国歌、日の丸君が代の指導をしっかりやれと言って職務命令を出してたのは。あの頃歴代の広島県の教育長は、立て続けに文部省からの出向者が行ってたんです、四〇代ぐらいの課長クラスが行ってたんですよ。最初に行ったのが寺脇研さんですよ。彼の考え方はリベラルなんです。だから、こんなに反対が多いところで無理をしたら死人が出る危険性があると思ってましたから、無理しなかったんです。そのあとからが問題なんです。寺脇さんのあとに木曽功さんという人が広島県の教育長になって、その木曽さんのあと、その次の人が辰野さんっていう人なんですけども、木曽さんと辰野さんの代で国旗国歌の強制が非常に強まった。木曽さんという人が文部省に掛け合って、是正指導というのを文部省から出すという形を作ったんですね。広島県の教育の現状は異常であると、違法であると。入学式卒業式に国旗国歌やってないと。これを是正しろと。当時の文部省から是正指導というものを引き出してというかもらって、それを笠に着てというか、それをバックにして現場に向かって現場の校長たちに対して必ず国旗を掲揚して国歌を歌わせろという命令を下した。

その命令を出した一番の張本人は木曽さんという人で、それを引き継いだのが辰野さんという人で。世羅高校の事件が起きたのは辰野さんという人が教育長のときなんですけど、種をまいたというか、その元を作ったのは木曽さんという人でね。この木曽さんという人はちなみに今どうしてるかというと加計学園の理事やってるんです。まんまと加計学園に天下りして、加計学園の理事になり、加計学園が設置している三つの大学のうちの一つである千葉科学大学っていう大学の学長です。広島繋がりでね、加計学園って元々広島だから繋がってる。

加計学園は岡山じゃないんですよ、元々広島なんですよね。木曽さんという人は元々広島県の出身者でもあるんですよね。そういう地縁もあってだと思いますけど、加計学園とはそういう関係になっちゃってる、それは後の話ですけど。寺脇さんも文部科学省の一員だっていう意識はあった。もちろん私にもありましたが、私と寺脇さんの違うところは、寺脇さんは法規性を持っている学習指導要領で決めたことなんだから従ってもらうことは当然だ、と考えてるわけ。私はその学習指導要領の日の丸・君が代条項自体が違憲だと思ってるわけ。だけど、寺脇さんは違憲だとまでは思ってないのです。しかも最高裁判所は違憲だと言ってないわけですからね。

いくら教職員だとはいえ、そこまで内心の自由を奪われる理由はないと思ってるんです。私みたいな考え方は、もちろんのことですけど文部科学省の中では極めて異端なんですよ。だから私異端なんだけども、ほとんどそれを組織の中で口に出すことはしてませんでしたから。順調に出世してですね、局長にもなったし、次官にもなったんだけど。

聡子 一般論ですが、国歌を歌い国旗を掲げるというのは、良いかどうかは論争があると思うんですね。たとえば、植民地支配を受けた国々は独立のときに旧宗主国支配から新しい国家へと生まれ変わる際に象徴として「国旗・国歌は必要」だと思い作成しますよね。私は「国旗国歌」は個人的には必要ないと思いますが、近代国家の統治には必要悪でしょう。たとえば、アメリカでは市民権を得る時に宣誓式（Naturalization Oath Ceremony）を行いますよね、その時にとなりには国旗の前、そして国歌を歌いますね。サッカーの国際大会だと、試合前に国旗を掲揚し、国歌を斉唱しています。若者はそれをみて「当たり前」のようにそれを受け入れていく。「他の国だってやっているし」と。

仮に日本に国旗国歌を必要なのであれば、新しいものを作成するべきだったし、今からでも可能であと思います。なぜなら現在日本の「国旗（日の丸）国歌（君が代）」は、日本の帝国主義、植民地支配を強化していくために作成され、それを利用してきた歴史があります。支配をうけたアジア太平洋地域は当然ながら君が代・日の丸にその象徴をみます。そして「日本人」は帝国主義の臣民として、天皇制の支配下におかれ、君が代・日の丸に抑圧されてきたと思うのです。

要するに、国旗・国歌全てが「悪」であるという議論ではなく、その国旗・国歌がどのような歴史的背景で成立し、活用され、または悪用され、印象づけられたのが最重要問題なのです。このことを考えると、先ほど述べたように、私は新しいものを作るべきだと思います。ただ、現在、日本全体が日本の犯してきた過去の歴史を忘却し歪曲している中、君が代・日の丸が持っている暴力性の議論は省かれて、「他の国もあるじゃないか」、「サッカーで必要じゃないか」となってしまっています。そして、国旗（日の丸）国歌（君が代）に反対するのは左翼であるという画一的な結論で封鎖しています。

日本国民であれば国旗（日の丸）国歌（君が代）は使うんだとなってしまっている。この法律によってそのようになっている気がしてるんです、そのへんはどうでしょうか？

前川　だから国旗国歌法って法律を作っちゃた。でも憲法に書いてあるわけじゃないから、法律改正すればいいんですよね。本当に日本国民の中から別の国旗、別の国歌がいいよねっていう意見が広がればね。でもそうならないですよね、今の状態ではね。

聡子　そうなんですよね。

前川　もうなんか定着しちゃってね。

聡子　なぜ一部の人々は日の丸・君が代に固執するんですか。

戦前を引きずる戦後の日本

前川　やはりね、象徴天皇制をとったというところにやっぱり根っこがあるなと。戦後の日本の政治が、共和制、大統領制みたいになっていたら、もちろん国歌は変わったでしょう。君が代っていう歌が生き残る余地はなかったと思うんですよね。

でも象徴天皇制という形で国体が護持されたことにされた。でも本当は国体は護持されてないと思います。国体は護持されたことになっちゃってる、天皇が残ったという意味で。でもそれは主権者である天皇ではなくて象徴である天皇だから、同じ天皇といっても、戦前戦中と戦後では全く意味合いが違う。でも同じ人がそこにいる。昭和天皇って繋がっちゃってるからね。せめて昭和天皇は退位すべきだったと思うけど。戦争中の天皇、大元帥陛下であった天皇がそのまま戦後も天皇でいたわけで。そこに戦前と戦後が連続しちゃってるところありますよね。それで国歌もそのまま残っちゃったと。

ドイツなんかはっきり決別したわけです。ドイツは何度も政体が変わってますけどね、第一次世界大戦で負けたときに帝政から共和制になったでしょ、そこで国歌変わってるんですよね。帝政のときの国歌って知ってます?あれね、僕はこの前知って驚いたんだけど、今のイギリスの国歌と同じ旋律なんですよ。God Save the Queenというね、あれと同じ旋律がドイツ帝国の国歌だった。歌詞は違うけど。それをやめてワイマール共和国の国歌が作られたんだけど、それがナチスの時代にはもう、ナチスの党歌が国歌になっちゃった。国旗もハーケンクロイツ。鍵十字が国旗になっちゃった。ベルリンオリンピックのときの掲げられたドイツの旗はあのハーケンクロイツですからね。戦後ドイツは、このナチスとは完全に決別したわけですね。だから全く新しい国になった。つまり国体が変わった。

日本の場合は中途半端に残っちゃったから、そこに継続性がある。よく解釈すれば日本国憲法によって、日本国および日本国民の統合の象徴となり、主権の存する国民の総意に基づく天皇の元での日本国の人々が、いつまでも幸せでありますようにと、そんな風に説明すればなんとか戦後の体制との折り合いもつけられる。たとえば今でも文科省に、なぜ君が代歌うんですか入学卒業式で君が代歌うんですかって子供に聞かれたらなんて答えるんですかって言ったらこんな風に答えるでしょうね。

日本国憲法の第一条で、日本国と日本国民の統合の象徴だって、それは主権者は日本国民なんだという前提でこの象徴という立場があるので。みんなが幸せになるようにということで歌うんです、みたいなこと言って騙しちゃうんだろうけど。だからやっぱり、日本という国は、戦前と戦後で一〇〇％清算しきれてないっていうところあると思うんですよ。ちゃんとオールクリアにしないで残っちゃってる。残っちゃった中に、政治家でも生き残った人いるわけですから。

聡子　そうですね、岸はね。

前川　もう岸信介なんてまさにそうですよ。彼についてこの前本読んでて面白いなと思ったのは、岸信介内閣ができるひとつ前の内閣って石橋湛山《たんざん》内閣（一九五六年一二月）。石橋湛山内閣ってもう二、三か月で、病気になって倒れちゃったから短命だったんですけど。石橋湛山の内閣作るときに、自分とは意見が違うはずなんだけど対抗馬だった岸信介を閣内に入れるために岸信介を外務大臣にしたんですよね。そのときに閣僚は天皇が認証するわけだから、閣僚名簿これです、って言って、石橋湛山が昭和天皇のところにそれを持っていったら、なぜ岸を外務大臣にするのだと聞いたっていう。

それを石橋湛山が自分で書いてる、書いたっていうか、岸信介に宛てた手紙の中に書いてる。岸は東條内閣の大臣だったたし、戦争の責任は東條より重いって昭和天皇は言ったそうです。その具体的な経緯は昭和天皇しか知らないでしょうけど、昭和天皇の頭の中では戦争責任は東條よりも重いと言ってるんですよね、岸信介に対して。そんな人が生き残っちゃった。戦後の国際関係の中で冷戦が始まって朝鮮戦争があって、アメリカが日本を反共の砦にしようとして、戦前の体制を支えていた人間を生き残らせちゃった。岸信介はもう骨の髄まで反共主義者ですからね。共産主義大嫌いという、共産主義の国はぶっつぶせ、と思ってる人だから。戦後もずっと中国に対しては、中国共産党ではなくて台湾のほうを支持してきたわけです。

日本を反共の砦にするためには好都合な人物だったでしょうね、岸信介って人はね。そういう人が生き残っちゃったもんだから、反共と一緒くたになって戦前的な国体思想みたいなのが残っちゃった。国体思想って国の体って書きますけど、これが曲者だと思うんですよ。今でも無意識に日本人の心の中に国体思想が残ってる。それが根っこにあるから在日コリアンの人達に対する差別なんかもあるんだと思うんですけど。国体っていうのは、「日本は特別な国」なんだっていう考え方ね。

聡子 今を生きる若者も、左翼と思われる人でも、無意識のうちに「日本は特別な国なんだ」って思っている人結構いますよね。よくびっくりします。

侵略的思想を支えた教育勅語

前川　日本会議とか、安倍さんなんかがね。それはなんかこう、敵を作るわけじゃないですか、中国だとか韓国とか北朝鮮だとか。一番大事にしなきゃいけない隣の国なのに、その隣の国がなんかけしからん悪い国だっていうイメージを振りまいて、嫌中、嫌韓、嫌朝、そういう意識を非常に強く振りまいていますよね、徴用工問題でも従軍慰安婦の問題でも。拉致問題は犯罪的行為だし、核ミサイル開発も脅威であることは確かです。中国の人権弾圧は非常に問題だと思いますよ、ウイグルとか、香港とか。しかし、それはそれとして何とか付き合っていかなければならない隣国なんですよね。それをこう、あいつら悪いんだ、っていう風に決めつけて攻撃する。

安倍さんなんかは拉致問題を解決する気なんか全然なくて、政治的に利用しただけですね。結局拉致被害者の人達の救済は、一ミリも進展していない。

本当に拉致問題を解決するつもりだったら日朝国交正常化を進めるべきですよ。それをやらずに、敵視するばっかりで。これはもう、日本人の心の中に巣くっている民族差別感情を増幅させてるんです。民族差別感情の中に、明治の時代に作られた国家意識というものがあると私は思います。江戸時代は朝鮮通信使がやってきますよね

聡子　そうですね、お互いに刺激し合う仲。

前川 そう。朝鮮通信使がやってくるとみんなね、あの頃の朝鮮半島は、同じ儒学の国で、むしろあちらが先生だと思ってたわけだから。日本の儒学者たちはみんな争って通信使のところに行っていろんなこと教えてもらおうとしてたわけですよね。

秀吉はひどいことやったけど、徳川時代というのは日朝関係が非常に良かった時代だと思いますよ。でも明治維新というのは、その関係を断ち切っちゃったわけですよね。むしろ日本が近隣の国を支配するんだという考え方のほうが強くなってる。

明治維新の立役者たちは、長州の人が多いですね、長州で、つまり今の山口県で明治維新を担った人たちがどこで学んだかというと吉田松陰の松下村塾。吉田松陰という人は非常に狂信的な国家主義者だったと私は思いますけど、幕府に捕らえられて牢屋に入っているときに、幽囚録っていう本書いてるんですね。その中に、明治維新後の日本の対外政策とほぼ同じことが書いてある。まず蝦夷地を開拓せよと。それから琉球を分捕れと。そして朝鮮を従わせろと、台湾もとれと。それから樺太をとれと、それからカムチャッカまでとれと。最後はルソンまで行けと言ってるんですよ。これ、大日本帝国の侵略がずーっとね、それ、ほとんどこの吉田松陰のシナリオに沿って行っている。結局太平洋戦争でルソンつまりフィリピンまで行ったわけですから。

だから本当に私は、大日本帝国の侵略戦争と他民族支配というのは、松下村塾から始まってるなと思うんですよ。その教えを受けた人たちが大日本帝国を作った立役者だったわけでね。非常にそういう膨張主義的、侵略主義的な考え方が元々の明治国家の中に内在していたと思うんです。

そして侵略するためには軍事大国にならなきゃいけない、軍事大国になるためにはもちろん、軍艦作ったり、大砲作ったり、大砲買ってきたりね。みんな、最初のうちは買ってきたわけですけども。そのためには外資稼がなきゃいけないっていうんで一生懸命生糸作ったりしたんだけども。

もうひとつ大事だったのは、突撃って言ったら、死ぬの恐れずに突撃する兵隊作らなきゃいけない。それで、そのために国民を兵隊として統一するために学校が使われたわけですね。

学校教育が良い兵隊作るための場となるのは明治中期からです。一番初めの学制発布の頃はそこまでの意識ないんですよ。日本が近代化するためにはひとりひとりが学ぶってことが大事だと。その程度の話だった。

ところが、一八八五年、明治一八年、内閣制度ができて、初代内閣総理大臣が伊藤博文で、その初代文部大臣に森有礼がなった。文部省はもっと前からあったけど、内閣制度ができる前は文部省のトップは文部卿と言ったんですよね。内閣制度ができた一八八五年以降、文部大臣となった。その初代文部大臣が森有礼ですけども、この森有礼の教育観というのは非常にはっきりしていて、学校は国家のためにあると。国家のために役に立つ人間を育てるのが学校の役割だと。

これは小学校から帝国大学までみんなそうなんだっていう考え方でね。国家主義的な教育思想、教育理念ですね。良き臣民を育てる、国のために役に立つ、国のために力を尽くす臣民を育てる。

そのための道徳教育のバックボーンになった、いわばバイブルみたいなものになったのが教育勅語ですね。

教育勅語が作られたのは一八九〇年です。そのときにはもう森有礼は亡くなっていたんだけども、教育勅語というのは、国ために役に立つ、いざとなったら国のために死ぬことができる国民を育てる、そのための、国民の精神を動員するための拠り所として作られたと思いますよ。そこで天皇を中心とした国家体制を固めていく作業が行われたと思うんですけど、そこで強調されたのは忠と孝の道徳。忠というのは天皇陛下に対する忠誠心、天皇のためには死ぬことを厭わない。一旦緩急アレハ、義勇公ニ奉シ、っていうのは、戦争が起きたら勇気をふるって天皇のために死ねって言ってるんですからね。

忠と孝の孝は、親孝行っていうとなんか、親を大事にするって今でも通用するみたいに思うけど、これは家父長制が前提になってるわけですから。孝というのは父親に忠実であれっていうことであって。これは天皇制国家と同じ構造がひとつひとつの家の中にあって、家の中のミニ天皇が父親である家長なんですよね。逆に言うと天皇制の国家というのはひとつの大きな家なんだって考え方。大きなひとつの家の中の大きなお父さん、ビッグダディ、これが天皇なんだ、あとの国民はみんなこの子供なんだっていう、そういう親子という関係で国ができているという考え方。だから臣民は天皇の赤子《せきし》であるって言ったわけです。国家というのは大きな大きなひとつの家族なんだっていうことです。
教育勅語の中にも国体って言葉が出てきますけど、我カ臣民《しんみん》、克《よ》ク忠ニ、克ク孝ニ、億兆心ヲ一ニシテ、世世《よよ》厥《そ》ノ美ヲ済《な》セルハ、此レ我カ國體《こくたい》ノ精華《せいか》だって書いてある。一番初めのところに、朕《ちん》惟《おも》フニ、我カ皇祖皇宗《こうそこうそう》國ヲ肇《はじ》ムルコト、宏遠《こうえん》ニ徳ヲ樹《た》ツルコト深厚ナリ、って、皇祖皇宗って言葉から始まってくるんですけど、皇祖皇宗っていうのは天皇のご先祖様のことで、皇祖っていうのは神代の時代のご先祖様で、一番初めは天照大神《あまてらすおおみかみ》。天照大神からずっと繋がっている。天皇は神の子孫であるっていう考え方ね。

神武天皇までは神様なんですよ。神武天皇からあとは、その次から、二代目の天皇からは人間になってるんだけど、皇宗っていうのはそのあとの人間になってからのご先祖様のことで。皇祖皇宗が国を始めたのと同時に深く厚い徳を築いたっていう。これは、この日本という国は、国が作られたのと同時に道徳も作られたんだって言ってるわけ。その道徳は忠と孝だと言ってるんですね。その忠と孝の道徳を、世世厥ノ美ヲ済セル、はそれを代々その道徳を守ってきた、美徳を守ってきた、それが国体、日本の国の在り方、国体の精華だって言ってるんですよね。

私は私なりにこの国体という観念を三つの特徴で捉えてるんです。ひとつは神話国家観、この国は神様から始まってるという概念。選民意識がそこにあるわけですね。神から始まってる民なんだと、他の民族とは違うんだという概念です。万世一系でずっとその神様の子孫が国を治めてきた。

その一番初めの天照大神が天壌無窮《てんじょうむきゅう》の神勅《しんちょく》っていう、これ日本書紀に書いてあるんだけど、自分の孫である邇邇芸命《ににぎのみこと》をこの日本国に天上から降ろしたという、それ天孫降臨《てんそんこうりん》というんだけど、天孫降臨のときに、天壌無窮（あめつちときわまりなし）っていう言葉を言ってるんだけど、お前とお前の子孫がこの日本列島を永遠に治めなさいと。永遠にっていう言葉のときに天壌無窮って言ってる、つまり空がどこまでも続いているように、大地がどこまでも続いているように、永遠にあなたの子孫がこの国を治めるんですよという。これ天壌無窮、無窮は窮《きわ》まり無しって書くんですけどね、天壌無窮の神勅とは神様が、つまり天照大神が下した命令だと。神話ですよ。日本書紀に書いてある。天壌無窮っていうのは当時の日本では極めて神聖な言葉だったわけだよね。そういう神様から始まってるっていう神話国家観があって、そこには選民意識、選ばれた民だっていう意識がある。

もうひとつは道義国家観。この国は忠と孝という道徳から成り立ってるんだという観念です。忠と孝という道徳をずーっと何千年も続けてきたんだと。嘘ですけどねこんなの。

これ一八九〇年に作られたものですから、全部でっちあげなんだけど。とにかく二六〇〇年前からずーっとこの忠と孝の道徳を守り続けてきた国なんだっていう、こういうフィクションね。これ、つまり家父長制的な道徳で国民を縛ってる、日本人の道徳はこの忠と孝にあるっていう、その一番中心は天皇なんだっていう。こういう道義国家観。

もうひとつがさっき言った家族国家観ですね。この国は大きな家族であると。家族というのはつまり親と子の関係なので、同じ親から生まれた血の繋がった兄弟姉妹であるという考え方ね。そうすると血の繋がらない人は仲間に入れないんですよ。つまり同族でなければならないっていう考え方です。そこがアメリカのような国と違うんだと考える。アメリカに元々いた人はネイティブアメリカンしかいないわけです。どんどんヨーロッパから、あるいはアジアからも人が入ってきて、それで移民たちで作ってる国です。元々民族的には多種多様な、その中にいろんな民族差別とか人種差別とかあるけど。民族性と国籍とが一致してないですよね。

だけど日本の場合には民族性と国籍とは完全に一致しちゃってるという考え方が強い。それは国籍法っていう法律にも現れてますよね。アメリカだとかオーストラリアだとかカナダだとか、移民が作った国は出生地主義っていう国籍の考え方で、その国の領土内で生まれたら当然にその国の国籍をもらえるって考え方。日本の場合は血統主義ですから、親が日本人でなければ日本人にならないという考え方。つまり血で繋がってるんだっていう考え方。

日本で生まれたからといって当然に日本人にはならないっていう考え方ですよね。しかも戦後かなりの間は、国籍法上は父親の国籍を継ぐという考え方で、母親が日本人でも日本の国籍もらえなかったですからね。家父長制度的な考え方が残っていた。

沖縄にはアメラジアンの子供たちがたくさんいて、お父さんアメリカ人で、お母さん沖縄の人で。そうすると当時の国籍法上は、お父さんが日本人じゃないから日本国籍はもらえない。でもアメリカで生まれてないからアメリカの国籍ももらえないと。しかもお父さんどっか行っちゃったとか、アメリカに行って帰ってこないとかっていう、そういう子供たちが沢山いて、無国籍の子供が沢山出たわけですよね。その後一九八四年に国籍法を変えて、父親が日本人でなければいけないっていう、明らかにかつての家父長制的な考え方が生き残っちゃってたのを改めて、やっと母親が日本人の場合も日本国籍とれるっていう風に変えて、そういったアメラジアンの国籍問題はある程度解決できた。

こういう国体思想とか国体観念とかって言われるものには、今言った神話国家観に基づく選民意識。それから道義国家観に基づく忠孝の道徳で国民を縛るっていう考え方。それから家族国家観に基づいて血の繋がらない者は排除すると、排外主義ですね。そういうものの根っこになってると思うんですよ、国体思想というのは。こういうものがね、ある意味物凄く効果を発揮した。

戦後も残る国体思想

聡子　現在でも国体思想は残っていますね。

前川　うんそう。今に至っても残っちゃってる。教育勅語って一八九〇年に作られたわけで、事実上一九四五年にはもう崩壊したわけですから、その間五五年しかないんですよね。たかだか半世紀ちょっとなんですよ。大日本帝国憲法もそうです。大日本帝国憲法だって教育勅語の前年の一八八九年に公布されてますから。たかだか六〇年もってないんですよ。人間の一生よりも短いんですよ。今は日本国憲法のほうがずっと長いですね。

大日本帝国憲法よりもずっと今の憲法は長く生きてるわけです。ところが大日本帝国憲法と教育勅語の時代に刷り込まれた観念というのが物凄く今でも残っている。そこで、国体思想を自分の血となり肉となるような思想として自分の中に持ってしまった人達が戦後も生き残っちゃった。

特にこの国体観念が非常に過激化してファナティックになったのは国体明徴運動《こくたいめいちょううんどう》ってやつですね。一九三〇年代。国体明徴運動の中で天皇機関説事件が起きて、天皇を国家の機関だという当たり前の憲法理論が糾弾されて指弾されて、美濃部達吉が社会的に葬り去られる。美濃部達吉の憲法の教科書が発禁処分になったりね、貴族院議員を辞めさせられたりということが起きた。元々東京帝国大学の憲法の教授で、上杉慎吉っていう、なんていうかな、今だったら日本会議の会長になってるような人がいたわけですよ。この東京帝国大学の中にこの二つの学派があって、一方は神話国家みたいな考え方で、一方は立憲主義の考え方で。そういう上杉慎吉と美濃部達吉が両方いたっていう時期があるわけだけど。上杉慎吉自身は先に死んだんですよ、だけど思想は生き残っちゃって、それがどんどん酷くなっていったのが国体明徴運動だと思うんですけど、美濃部達吉が追いやられちゃって。国体明徴運動で大学も国家権力に踏みにじられたけども、そこに至るまでの間には大学にはやっぱり自治があったし自由があったし、大学の学生になった人達ってその頃はごくわずかなエリートだったんですけど、大学の学生で天照大神から天皇が始まったなんて信じてる人間はいなかった。

一般の国民には天皇陛下は神の子孫だって教えているけども、一番知的エリートたちは、それはもう作り話だってことがわかってやってたわけで。元々この話を作った伊藤博文だってこういう話を信じ込ませるんだと、つまり自身は信じていない。

しかし、前にも述べた中曽根さんっていう人を考えると、あの人は東京帝国大学の法学部出身なんですが、あの人がどういう憲法の授業聞いてたんだろうって考えると、中曽根さんが東京帝国大学に入ったころは国体明徴運動が盛んになっていて、当時の日本、当時の文部省は、「国体の本義」なんていう文書を作って全国の学校に配布して、この考え方で国体を教えろと言ってるわけですね。「国体の本義」が書かれたのが一九三七年ですけども、中曽根さんっていう人は一九一九年の生まれだから一九三七年っていったら、彼はまだ旧制高校の頃だと思うんですね。その一番感受性が強く、ある意味マインドコントロールされやすい時期に、物凄く強い国家主義思想、神話国家思想を自分の青年期に抱え込んでると思うんですよ。

つまり国体思想を完全に刷り込まれた人だと思う。だから中曽根さんという人の書いた本を読んでいると、とにかく日本国憲法を悪し様に言ってね、とにかくあれはマッカーサーが押し付けたマック憲法だとかって言って。それから教育基本法についても物凄く否定的だったんですよね。教育基本法は個人の尊厳だとか自由だとかってことばっかり言っていて、日本国民をちゃんと作るという観点がないとかって言って怒ってるわけよ。

日本という国は社会契約でできた国ではないんだと。契約国家ではなくて自然国家であるって、こういう言い方するんだけど、つまり神話国家観がそのまま残っちゃってる。悠久の歴史の中で作られてきた国なんだと。つまり国が先にあるんだって。日本人はその国に生まれ落ちたという宿命を負って生きているんだという、こういう考え方。でも日本国憲法の中には国籍離脱の自由って書いてありますからね。僕なんかもいざとなったら日本人やめようかと思ってるんだけど。

聡子　すごいですね、いいですね！でもやめられないですね。

前川　中曽根さんという人は非常に強い民族主義でもあるし強い国家主義、そういう思想を持っていた人で、自主憲法を制定する前に教育基本法を作り直さなきゃいけない、憲法改正の前に教育基本法の改正が必要だって考えていて、それで中曽根さんは臨時教育審議会を作ったんですよね。

聡子　そういう考えが、今、その中曽根の孫ですかね、世襲で繋がっている人が出てくるわけですよね。一方学生運動も含め、抵抗する勢力も、六〇年代以降、民主主義を唱えてきましたよね。その背景には、教育の中で培ってきた民主性とか過去の侵略への認識など、少しは芽生えてきたんじゃないですか。しかし、そのあと加速度的に右傾化してしまい、今に至っています。

前川　そうですね

聡子　政治の現場どういう風になってたのかとか

前川　ずーっとそれは右寄りの姿勢というのは保守政権ずっとあったんですよ。学校で国旗国歌教えろとかいうのはずっとあったわけで。だけどそれが物凄く先鋭的な形っていうかな、いつの間に過激になってきたのは安倍政権だと思いますね。自民党の中にもいわゆるハト派タカ派っていたわけでね、ハト派と言われる人たちが政権握っているときには顕在化してこなかったですよ。教育勅語復活させるなんて、そんな話は出てこなかったです。

たとえば自民党の中で総理大臣やった人でも、中曽根さんと同時代の人ですけど、ちょっと後の時期の宮澤喜一さんなんて人は護憲派だったし、こういうファナティックな国家思想には与《くみ》しない人だったですよね。だから当時の宏池会とか経世会とかっていう派閥は戦前に戻ろうなんていう考え方はなかったですよ。だけど清和会っていうね、今の安倍さんたちの、今最大派閥ですね清和会ってのは。ここは岸さん以来っていうかな、国権主義的なイデオロギーみたいの持ってますよね。このところもう森喜朗《よしろう》からあとずっと清和会系が多いんですよね、総理大臣は。

中曽根さんは憲法改正を目指していたし、憲法改正のために準備段階というか前段階として教育基本法を改正して、個人が大事だっていうんじゃなくて、国家が大事だと、国家を優先するような教育に、戦前に戻そうとする、そういう思想を持ってたんだけども、臨時教育審議会がそっち行かなかったんですよね。私はこれ「臨教審のパラドックス」って呼んでるんですけど、臨教審を作った張本人の中曽根首相の思った方向とは全く逆の方向へ行っちゃった。

臨教審は、ちょっとこれ捻じれてるんだけど、新自由主義は確かにね、臨教審の中にあったんですよ。教育の自由化論は、教育をもっと市場に任せていいじゃないかという考え方で、こういう考え方の人たちがいた。

ところがこの、教育の自由化論、新自由主義的な、学校教育を市場に任せるっていう考え方が、議論している間に段々どうなったかというと、個人の自由というところに落ち着いていった。ひとりひとりの個人が学ぶ自由があるんだっていう、「個性重視の原則」というのが臨教審の第一の原則として立てられた。この個性重視とは、一番その根っこは個人の尊厳だって言ってたわけです。個人の尊厳、個性の尊重、自由・自律、自己責任の原則。自己責任ってところまでくると新自由主義的な匂いが非常に強くなってくるんですけど。だから臨教審は新自由主義の源だという言い方もできます。だけど新自由主義というよりも本当の意味での自由主義、人間の自由を大事にするという原点に戻ってるんですよね。

それから二番目は「生涯学習体系への移行」といって、学校だけではなくて学校の外にも、学校出てからも学ぶ機会は大事なんだっていう考え方。生涯教育と言わずに生涯学習と言ったのは、学習者の主体性、学習者が自ら学ぶことが大事だっていう考え方なんです。それは私に言わせると学問の自由ってことだと思ってるんですよね。学問という言葉は元々学ぶことを全部学問と呼んでたわけで、学問のすすめとかいう言葉にあるように。小学校で学ぶことを学問って呼んでた。元々の日本語では、大学で学ぶことだけが学問じゃなくて、小学校での学びも学問だったわけ。学問の自由ってなにかっていえば学ぶことは自由なんだっていうことですね。だから本来学校というところはもっと自由に学ぶべき場所なんですよね。生涯学習という考え方は、学習者の主体性を大事にするという考え方です。

それから三番目は「変化への対応」って言ったんだけど、いろんな変化に対応するためにもやっぱり主体的に学ぶっていうことが情報化だとか国際化だとかっていう変化に対応する方法だ。そういう意味で臨時教育審議会っていうのは、私がちょうど課長補佐ぐらいのときに臨時教育審議会やってたんですけど、私は臨時教育審議会にはかなり励まされたんですね。この考え方は概ね正しいだろう。この考え方で教育政策をしていけば間違ったことにはならないんじゃないかと。ゆとり教育もその一環として考えてたの。学習者の主体性、学ぶ自由ってものを大事にしていこうと。いろんな知識を詰め込んで教え込んで、言われたことに従う従順な国民を作るんではなくて、自ら学んで自ら考えて、自らの判断で行動していける、そういう精神的に自立した人間を育てていこうっていう。こういう方向性をゆとり教育は持ってたと思うんですけどね。

少なくとも私とか寺脇さんの頭の中では、臨教審の打ち出した個性重視だとか生涯学習って考え方はゆとり教育に繋がってるんですよ。ですから、中曽根さんの意図とは違ってしまったので、中曾根さんは失敗したと言っておられるわけです。中曽根さんは回顧録を沢山書いてるのね。回顧録って普通はひとつだけ書くものなんだけど、あの方は長生きされたもんだから。

聡子　回顧しすぎですね。

前川　何回も回顧録書いてるの。どの回顧録を読んでも臨教審は失敗だったって書いてある。結局教育基本法を改正したいと思ったのに、教育基本法の改正に全く踏み込まなかったんですよね。むしろ個人を大事にするっていう方向に行っちゃったわけで。それは中曽根さんが考えていた方向とは真逆なんですよ。

私はこれは憲法や教育基本法の本来の理念を再確認したって考えてもいいと思ってます。だから中曽根さん非常に不満だったんですよね、臨教審には。せっかくあれだけ作ったのにね、なんにも成果がなかったと思ってるわけよ。その、中曽根さんの悔しい思いを引き継いだのが森喜朗さんです。中曽根内閣の文部大臣だった人ですけど。森喜朗さんが小渕恵三さんが倒れたときに棚ぼた式で総理大臣になったのが二〇〇〇年。

それでそのとき小渕さんが教育の問題を議論しようとして作った教育改革国民会議っていう場があったんだけど、その教育改革国民会議は、小渕さんは作っただけで、そこで実際に動く前に倒れちゃったの。だから教育改革国民会議はほとんど森政権のもとでその議論をしたんですけど、だから物凄く森色が、森さんの色が濃いんですよね。森さんは自分でも言ってますけど、お父さんから教わったなんて言ってるけど、座右の銘は滅私奉公ですからね。滅私奉公って自分を殺して公に尽くすっていう。その公って結局お上であり天皇なんですよね。

聡子　公は「人々」じゃないってことですよね。

前川　そう。人々じゃない。今、我々の公共の社会っていうのは我々自身が作っているものじゃないですか。しかし上から与えられる公共っていう、お上。教育勅語でいう義勇公ニ奉シの公ですね。そういうものに身を捧げることは良いことだっていうのはもう本当に戦前の価値観をそのまま持っているような人で。

なんであんな人がとにかく総理大臣になっちゃったのかと思うけど、その森さんは、中曽根さんが果たせなかった教育基本法の改正をうちだした。

聡子　リベンジしていますね。

前川　そう、そう。

教育基本法の改正

道徳の教科化

前川　森内閣のもとで教育改革国民会議は二〇〇〇年一二月に報告書をまとめましたけど、その中で教育基本法の改正って打ち出したんですよね。それからもうひとつ、道徳の教科化っていうの。つまり、戦前の修身科のような教科としての道徳を学校教育に持ち込むと。

聡子　道徳の授業あったけどあれ教科じゃないんですね。教科っておもわされる雰囲気でしたけど。子どもの頃は教科のひとつだとたぶんみんな、結構捉えている人多い気がします。法律とかわかんないから。

前川　道徳の時間はありましたよ。だけど検定教科書は使ってなかった。まあ、国語とか算数と同じように道徳って時間ありましたから。道徳の時間というのはあったけども、あれは教科じゃなかった

聡子　教科になったのはそのあとなんですね。

前川　教科ってなにかっていうと、教科の三つの条件があって、日本の制度上教科と言ったときには、まず検定教科書を使わなきゃならないっていう。検定教科書使用義務がかかる。もうひとつは、その教科を教えることができる免許状を持っている人でなければ教えられないとい

うこと。その教科の免許状がなければならない。つまり、体育の教科の免許状を持っている人が数学を教えられないということと同じですけどね。これは中学校、高等学校の場合ですけども、小学校の場合は全教科教えますから。それから三つ目は、成績の評価をするということです。学習成果を評価する。これは指導要録っていう学校が保管しておく文書があって、その中で学習成果、数字で評価する、五四三二一とか。これは必ずやらなきゃいけないことになってます。だから、検定教科書を使うってことと、その教科専門の免許状があるっていうことと、それから学習成果を指導要録上数値で評価すると。これは教科と言われるものはみんなその三つの条件が備えているわけです。じゃあそういう、国語とか数学とか体育とかと同じような教科にできるかっていうことです。この道徳の教科化っていうのは最初に森内閣で打ち出されたけど森内閣は短命だったので、そのままだったんですよ。

教育基本法も改正まで踏み込まずに終わった。だけどそれを引き継いで、教育基本法の改正が実現したのは第一安倍内閣のときです。二〇〇六年ですね。安倍さんはその意味で森さんを引き継いだ。その間に小泉さんっていう人が入ってるんだけど、小泉さんって人はね、良い意味でも悪い意味でも教育に関心がなかったの。だから、教育基本法の改正も、道徳の教科化も、彼自身が熱心にやろうとは思ってなかった。

聡子　やっぱり経済政策ってことですか？

前川　まあ彼は何したかったかよくわかんないけど、郵政民営化しか頭になかったんですけどね。あとはもうとにかくアメリカ大統領のブッシュの言いなりになってましたよ。もうブッシュの言いなりになってイラク行くぞと。
聡子　そうですよね、地デジのこと、かなりアメリカの意向が反映されていますよね。
前川　そうそう。もうアメリカ一辺倒だったですよね。まあ彼だけじゃないけどアメリカ一辺倒は
聡子　小泉政権は、教育に関心のない時期だってこと、文科省にとってはいい政権でしたね。
前川　小泉政権のときにはね、あんまり動かなかったの。
聡子　小泉政権、小泉純一郎は、プラグマティックで、かなり実利主義っていうか、利の人ですよね、利益主義、実利主義ですよね。
前川　そう、まあそういう意味で、プラグマティックでね、なんか理念先行じゃない、「美しい国日本」なんてこと言わない。
聡子　要するに本当に郵政民営化も彼にとっては市場の開放だから。
前川　うん。だからまあ、新自由主義的な政策は小泉政権がドーンってやったっていうのはあったですよね。国家主義的な部分はあまり出てこない。私は教育行政、ずっとこの間、国家主義と新自由主義にもみくちゃにされてきたと思ってるんですけどね。その政権によって国家主義が前面に出てくる政権と、新自由主義が前面に出てくるのがあって、森さんなんかは国家主義だけども、小泉

さんは新自由主義ですよね。安倍さんは国家主義ですよ。

聡子　たとえばデヴィッド・ハーヴェイが新自由主義と資本主義は一緒に作動するって書いてるんだけど、私が違和感をもったのは日本に少し当てはまりにくいなと思っていました。一応中曽根康弘を最初の新自由主義って分析をしているんだけど、そうかな?また、小泉さんには資本主義市場における国家主義はあっても理念的な国粋主義的な視点はさほどないけど、当時の私もそうでしたが「新保守主義と新自由主義はセット」のように考える傾向がありました。小泉政権がそこまで国粋主義的教育に関心がなかったのはそういう面もあって。

前川　彼が教育行政でやったのは、大学設置認可を自由化したとかね。

聡子　市場の自由化のことでしょうか?

前川　ええ。そういうところはやったんだけども。ただ、教育基本法の改正の問題についても、小泉内閣のもとで一定の準備は進んでたんですよ。でもそれは小泉さんが主導したんじゃなくて、それこそ中曽根さんや森さんが尻叩いたんですね。中曽根さんや森さんがせっかく教育改革国民会議で教育基本法の改正って報告を出してもらったんだからちゃんとやれよと。小泉さんは全然やる気ないんだけど、あのとき官房副長官に安倍さんいましたからね。

聡子　朝鮮民主主義人民共和国に行ったときの。

前川　そうそうそう。安倍晋三さんなんかは中曽根さん森さんの意思っていうか考えを引き継いでいこうとしてた。当時の文部科学省の大臣は遠山敦子さんといって元文部官僚だった人です。私の上司だった人なんですけどね。彼女は文部官僚としては文化庁長官になって。

文化庁長官で辞めたあと、国立西洋美術館の館長かなんかやってた。そのあと小泉内閣で文部科学大臣に抜擢されたんだけど、あれはね、森喜朗人事ですよ。森さんが遠山さんを文部科学大臣にしてくれと、頼んでやったんだと思います。森さん非常に高く買ってましたからね、遠山さんのことをね。だから遠山さん自身も森さんからも中曽根さんからも圧力受けてたと思うんですよ。

教育基本法の改正を早くやれと。遠山さん自身は教育基本法を改正したいとは思ってなかったと思うんですけどね。でもそうやって、自分を大臣に推した人が是非これやれと言ってくるし。それで、中央教育審議会で改めて議論をして、法案の骨子、法案の内容を固めていったんですよね。

私は中央教育審議会で時間かけて議論した結果、最初の物凄く強烈な国家主義的な部分はだいぶ軽減されたとは思うんです。だけどやっぱり元々国のための教育だ、という考え方で始まってる話だから、愛国心なんていうのは当然出てくるし、そういうものは盛り込まれたんだけども。それから、実際に法案として出る前に与党間協議があったんですね。野党はもちろん蚊帳の外ですけど。公明党と自民党との間の協議が行われていて、あの頃の公明党はまだブレーキ役になってたんですよね。今は全然なってないけど。

やっぱり自民党の暴走を止めなきゃいけないっていう人が公明党の中にもいて。それでだいぶ改正前の条文で生き残ったものが沢山あったんですよ。たとえば、個人の尊厳を重んじる、なんて言葉もちゃんと残ってるし、学問の自由を尊重する、って言葉も残ってるし。それから、教育は不当な支配に服することなく行われなければならない、っていう言葉も残ってるんですよ。そういう個人の尊厳や学問の自由を大事にして、教育の自主性を尊重するんだって考え方は辛うじて生き残ってる。だから私的に言いますと、今の教育基本法は、大火事にあったんだけども、焼け跡に焼け残った柱は残ってると。個人の尊厳とか、学問の自由とか、不当な支配とか、そういう言葉が残ってますからね。あと日本国憲法の精神に則るっていう言葉も残ってるし。

八重山教科書問題

聡子 今、職責はないですけど、これだけ今、官僚が骨抜きにされ、右傾化している中で、前川さんが「はっきり」と、自信をもって言える背景ってどういうところにあるのでしょうか？

前川 しがらみないっていうか、なんといっても天下りしてないっていうの大きいですよね。

聡子 そうですね。

前川 やっぱりなんらか政府の関連のところに、もっと酷いのは加計学園みたいなところに第二の職場を得ていたら、やっぱり気兼ねしますよね。さっき言った木曽さんなんかはそれこそ安倍さんのお声がかりで加計学園へ行ったんでしょうからね。それはもうそんな天下りしちゃったら批判なんかできないですよね。私の場合はだから、現職の役人でいたときはこんな自由に喋ってませんからね。

聡子 それは喋れないですよね。

前川 借りてきた猫みたいにしてたんですよ。大人しく言うことを聞いている役人だと。こいつは言うことを聞くやつだという風に思われてたと思いますよ。だから本当に言うこと聞いてたんですよ。たとえば教育勅語を学校で使って良いかっていう質問が来たときに本当に困ったんだけど、下村大臣が教育勅語は学校で使って差し支えないと答弁しろと言って、それで私自身は、差し支えないとは言えなかったんだけども、学校で使うとも考えられるという風に考えられますと、そんなむにゃむにゃした答弁したことありました。

だけど下村さんにしてみるととにかく自分の言った方向で答弁したという風に思われてる。だけどあのとき、下村さんは私の答弁じゃ不十分だと思ったので自分で答弁したんですよ。二〇一四年四月なんですけどね、教育勅語には普遍的な内容が含まれているから学校の教材として使うことは差し支えないって言ったんです。私はどこに普遍的な内容があるんだと、普遍的どころか極めて特殊な観念がここに書かれていて、こんなもの現代で通用するはずがないし、それも学校の、特に、念頭に置いてるのは道徳ですからね、道徳の教材に使うなんてもってのほかだと思っていたので。

本当苦しかったですよそのときは。でもそういうのもなんとなく下村さんの言うことを聞いてるフリしてしのいだりね。

それから、下村大臣のもとで局長として一番苦労した問題が八重山教科書問題なんです。竹富町っていう自治体が育鵬社[注1]の公民教科書は絶対使いたくないって言ってるのに、使わせろっていうわけですから。無理強いなんですよね。あそこ石垣市と竹富町と与那国町っていうのが共同採択地区ってなっていて、同じ教科書使わなきゃいけないという縛りがかけられていて、これもまた理不尽な制度なんですけど、同じ教科書使わなきゃいけないっていう規制がかかっていたんです。石垣市と与那国町が育鵬社の教科書使うっていうので、多数決だとかっていってね、多数決だから多数に従えっていうのは文科省が作った理屈なんですけど、一本化しなきゃいけないんだから多数のほうに従えと言って、竹富町がわがまま言ってるんだっていう理屈を勝手に作っちゃったんですよ。あれは単に意見が分かれただけであって、どっちが正しいとかどっちが間違ってるってことはなくて、意見が分かれて一本化できなかったっていう状態だったけど、育鵬社のほうが適法で、竹富町が選ぼうとした東京書籍のほうは違法だっていう、そんな理屈出てくるはずないのに、文科省、私の前任の局長のもとではそういう理屈を作っちゃった。

注1　今までの歴史教科書が「自虐史観」の影響を強く受けているとし、日本会議系の知識人らが「あたらしい歴史教科書を作る会」を作成。その流れの中の歴史教科書。

最初に問題化したのは安倍政権になる前です。いったん収まったのを安倍政権になってからぶり返して、私が局長のときに何が何でも竹富町に育鵬社版教科書使わせろって私に命令が来たわけです。私は表向きは強面で沖縄県と竹富町に育鵬社を使えっていう無理強いをしていたんですよ、表面上は。だから琉球新報だとか沖縄タイムスだとかではとんでもない極悪人のように描かれたんですけど。だけど私実はこれは酷い話だと思ってたから、沖縄県の教育長と竹富町の教育長には、今制度改正してるから待ってくれと。縛りをね、共同採択の縛りを外すからそれまで待ってくれと。法律改正しないとできないことだったんです。

ですから縛りを外す法律改正をうまく成立させようと考えた。共同採択地区での教科書採択を必ず一本化をするようにする条文と合わせて、共同採択の縛りを緩くする内容を盛り込んでたんですよ。表向きは竹富町のようなけしからん跳ね上がりというか、逸脱した行動は許さないっていう理屈になっているんだけど、実は縛りを外すのでそこから脱出できるようにしようとしてたんですね。でもそっちの部分は、これ竹富町を救うためにやってるなんて一言も言わなかったんです。これは一般的な問題なんです、これは八重山の問題ではありませんと言って。八重山は今まで通りひとつの共同採択地区でいるのが当然ですと、それは文科省としてもそう考えているし沖縄県の教育長もそう言っていますと言って、この部分の改正は八重山のためにやるものでは決してありませんと言って。これ嘘なんです。本当は八重山の竹富町を分離させることができるようにしたんです。そうやって法律改正が成立してね、それで二〇一四年の春に、法律が成立したのと同時に沖縄県が採択地区を分けたんですね。採択地区を決める権限は県の教育委員会にあるんで、分けた。それで収まったんです。あれは面従腹背が一番うまくいった例なんですよね。

要するにずっと下村さんと、それからそのときの大臣政務官の義家弘介さんというとんでもない人がいてね、この人たちがとにかく竹富町はけしからんとかって言ってゴリ押しをしていた。私は表向きその通りやってたんですよ。地方自治法上の是正の要求という伝家の宝刀まで抜いたんですよね。国は、自治体が法律違反をしていると考えたときにはそれは是正するよう要求することができるっていう、こういう自治法上の権限があるんですよね、それをやったんですよ。沖縄県から竹富町に是正の要求をしろという指示を国から県に対して出したんです。そのときも、表向きは強面で強権的な指導をしたことになってるんだけど、そのとき沖縄県の教育長になんて言ったかというと、とにかく「検討中」で引っ張ってくれって言って。ずっと小田原評定を続けてる格好を続けてもらって、県から町への是正の要求はしないままずっと時間だけが経過していった。

大臣からは、一体なにやってるんだ、とかって言われるんだけど、いやどうもまだ教育委員会でいろいろ議論してるらしいですわって言って凌いでたんですよ。そしたら下村さん業を煮やして、県を通じてじゃダメだから今度は直接やろうっていう。是正の要求は二通りのやり方があって、県から市町村に言わせるっていうのと、大臣が直接市町村に言うっていうのもできるんです。今度は直接竹富町に対して是正の要求をするっていう、それもやったんですよ。それもやって、竹富町の教育長にも来てもらって、ちゃんと是正要求に従えとかっていう、これもやったんですけどね。竹富町って遠いところですからね。

聡子　遠いですよね。

前川　竹富町の教育長がはるばる文科省までやってきた。慶田盛さんという立派な人なんですよこの人は。とにかくあれだけ圧力かけられても頑として譲らなかった。それで、メディアのいる前では局長室に来てもらって、慶田盛さんに是正の要求に従ってもらわなければ困るんだとかっていう、建前上のことを言ったわけですよ。彼も建前上のことを言ってるわけ。

　メディアがいなくなってから本音の話をして、今いいところまで来ているから制度改正が。これが通ったら県の教育委員会で採択地区を分けてもらうから、そしたら好きなものを、自分たちが選びたいものを選んでそれで採択して、それで通る、大丈夫だからそれまで待ってくれって言って。しかし今日のところはとにかく物別れだったってことにしておかないとまずいと。だから、そのように振舞ってくれって言ってですね。でその、竹富町の慶田盛さんっていう教育長は、文部科学長の記者クラブで記者会見したんですよ。そのときの彼はすごい演技でした。

聡子　怒ってたわけですね、物別れだっていって。

前川　もうね、こんなはるばるやってきて、なんにも聞いてくれないとか言って。もうなんか、涙流さんばかり悔しがってるようなフリをして。私見たわけじゃないんですよ。それを見てきた職員がね、なかなかうまい演技でしたって言って報告してくれたんですよ。私は私でそのあと担当局長として記者会見したんですけど、そのときも、言うことを聞かない人だ、とか言ってね、こんなことでは困るとかなんか言ったんですよ、とにかく激突してるという形をだした、そうしないと大臣に怒られちゃうから。だからとにかく言うことを聞かせるために私は最大のことをやったんだと大臣に対してはアピールした。ずると言えばずるいんですけどね。

そうやって面従はしてたんですけども。

聡子　でもそれで新聞からは批判されちゃうわけですね。

前川　まあそうですね。面従腹背して悪役を演じていたわけですから。

聡子　一連の前川さんの話を聞いていて「おじさん政治」の典型的なことだと思っているんですね。竹富町に育鵬社版教科書使わせろって無理やり命令をだして、自分たちの望む教科書を使わせようとする。何とか抵抗して、やってやっと少し進められるみたいなところが問題ですね、今聞いていて。なんていうんだろう、かわいそうまでいかないんですけど、私が辛くなってきたんですね、前川さんはすごい辛い思いをしていたんじゃないかなと。

技術偏重の文部政策

聡子　下村博文文部大臣（当時）の発言で、なんでこんなこと言うんだろうと思ったのは、大学での文系と理系で、文系は役に立たないようなことを言った。

前川　大学の人文社会科学系の学部がいらないとかね。まあ学術会議で拒否された六人も全部人文社会科学系ですからね。自然科学系一人もいないでしょ。つまり自然科学系はなんていいますかね、あまり政府批判には結びつかないですよね。むしろ国策上産業に結び付いているから。

聡子　産業技術の発展のためにも。

前川　科学技術政策に直結すると。でも自然科学系でも何の役にも立たない学問あるんですよね。

聡子　いっぱいありますよね。アカデミズムに足を突っ込んでいる私としては、自然科学のほうが「役に立たない」ものが多いと思いますよ。そして、学問は役に立たなくていいんです。また、「役に立つ」って誰にとって、何にとって、がないものは成立しないですしね。

前川　そうそうそう。

聡子　学問は存在する時点で意味があります。

前川　そうなんですよ。私もそう思います。学問、科学というものは役に立たなくていいんだっていう。真理に迫っていくと。社会とか人間とか自然の真理に迫っていくという営みであって。それがなにか実利的に役に立つかどうかというのは二の次。

聡子　そうです。それは誰が運用するかによるので、そうなんですよね。

前川　役に立つ場合もあるけれども。自然科学だって、ノーベル賞もらった小柴さんが、受賞が決まったときにＮＨＫの記者からマイクつきつけられて、先生の研究はどう役に立つんですかって聞かれてね、「普通の生活には何の役にも立ちません」って言ったんですよね。

聡子　いいですね、それ。

前川　役に立たない学問でいいんですよ。ニュートリノっていう究極の物質の存在を確認したと。これはもう世界中の人が見つけられなかったものを見つけたわけですから。これは大きな成果で、学問としての成果があってね。学問というのは役に立つかどうかではなくて、真理にどれだけ迫れるかっていう話で、それ自体に価値がある。でもそういう、真理という、つまり学問の成果というのは本来知的所有権だとか、値段とかつけられないんですよ。

ところが科学技術って言葉になった途端にね、役に立つかどうかが問題になってきて、そこに知的財産権を付与する、そこで金儲けのネタになるとかね。知的財産そのものが売買の対象になるわけで。本来の学問というのはプライスレスというか、値段付けられない。真理に対しては値段をつけられないですから。だけど科学技術になった途端に話が違ってくる。科学技術という言葉は、サイエンスアンドテクノロジーという風に訳せば科学と技術なんだけど、日本で科学技術庁って役所ができて科学技術基本法ができた。そこで言っているの科学技術というのは何かの役に立つ学問の成果のことを科学技術と言っていて、科学と技術じゃなくて科学による技術。科学に基づく技術という、そういう意味合いが強いと思います。だから今は科学技術イノベーションになってるんですね。

科学技術基本法が名前変わって、科学技術イノベーション基本法になっていて、政府の会議も科学技術イノベーション会議になってるんです。最終的にはGDP引き上げることに役に立つかどうかというところに科学技術の価値があるという、要するに役に立つかどうかかが重視されるわけで。今学術会議問題も、今の局面どうなってるかというと、科学技術イノベーション会議の有識者委員の中で学術会議の在り方を議論するってなってるんですよね。だから学術会議の担当大臣って科学技術担当大臣でしょ。だけど私は、前から思っているのは、学術と科学技術と違うんだと。実は文部科学省というのは学術担当してる役所と科学技術担当してる役所が混ざったんですよ。文部科学省ができるときに、文部省の中で学術行政やってた人達は物凄く心配したんですよ。学術が科学技術に飲み込まれちゃうんじゃないかと。つまり役に立たないものが切り捨てられるじゃないかと。その一環が人文社会科学の学部は役に立たないというところにも表れてるんですけど。

学術行政を大事にしたいっていう旧文部省側の抵抗というか、意見が表れているのは、局の名前にも表れてるんですね。科学技術政策局っていう局じゃなくて、科学技術・学術政策局っていう。科学技術っていう言葉と学術っていう言葉を並列させている。

聡子　同等に分けたいという。

前川　そうなんですよ。科学技術・学術政策局。それから審議会の名前も、科学技術・学術審議会。それから研究所の名前も、科学技術・学術政策研究所っていう。そういう風に科学技術と学術を並列させて違う概念だっていうことをわざわざはっきりさせようとしてるんですね。これは旧文部省の学術行政やってた側の役人の抵抗の跡なんですよ。科学技術に飲み込まれたくないと。だから学っていう文字と術っていう文字が二回出てくる。

聡子　でも文科大臣がああいうこと言ったらちょっとね。

前川　まずいですね。やっぱり文部科学大臣、どうしてもね、科学技術庁長官という役割と文部大臣という役割両方負っちゃってるんですね、文部科学省の学術行政というのは学問の自由をベースにしてるわけ。研究者が研究したいことを研究するということがまずベースにあって、そこにお金をつけるんだけど、お金のつけかたもピアレビュー、つまり学者同士の間でこれは学術的に価値があると。将来実用に役立つかどうかは別です。

学術として意味があるかどうかという観点で科学研究費、補助金なんかは配分するんだって考え方で、将来役に立つかどうかは二の次なんですよね。でも科学技術は将来なにかの役に立つっていうことが大前提としてある。宇宙開発だとか、原子力だとか。元々科学技術庁って原子力予算から始まったんですからね。

聡子　そうですね、原子力予算から、本当。

前川　だから、要するに役に立つっていうことを大前提で。しかもこの分野は役に立つ分野だからっていう、トップダウンで国が決めて、この分野にお金つけるんだっていう。トップダウンで決めていくのが科学技術行政で、しかも最終的には役に立つっていうものが、役に立つ技術を開発するということが目的になってる。

一方で旧文部省がやってきた学術行政のほうは、役に立たなくてもいいんだと。それは学問の自由の世界なんだっていう大前提があって、お金をつけるときにも、役に立つからつけるんじゃなくて、学問の世界の人たちが、学問の目で見てこれは意味があるっていうところにお金をつけるっていう、その大前提が違うんですよね。だけど今非常に危ないのは、学術行政が科学技術行政に飲み込まれそうになってることです。

聡子　私の感覚なんですけれど、文系の大学の大学院の教員の七割ぐらいは思考方法は技術系ですよ。社会科学者も。なぜかというと科研費取るときに、「何に役に立つか」書かなくちゃいけないんですよね。私、大学院のときに一応学術振興会の特別研究費取ってるんです。あれを取るときに、一橋の事務から書類をいろいろ修正されるんです、そういう意味では一橋はいい大学なんですけど。「戦後日本における周産期医療の社会学的考察」という研究テーマで出したのですけれども、何に役に立つか、今の産業に役に立つかどうかっていうのは、私にはあまり関心がなくて。むしろ歴史を知ることによって、どうやってGHQが日本の厚生労働政策、国連、市民などがこの問題をどう認識して交渉してきたかに関心がありました。

当時の「優秀」な事務方に直されたのは、「どれだけ今の産婦人科医療とか女性意識の変化に役立つか」っていうのを書けと。これは私には本意じゃないけど、金を取るためには精神を曲げろって言われたんです。私もお金ほしいから、三年間ちゃんと研究するには、貰わなきゃいけないし、これ貰えるかどうかはわからないし、だから必死でロジックを考えました。そうやって修士二年に書かされて、博士課程にいき、論文もそういう風に書く。私の感覚だと文系の教員は、かなり役に立つかどうかというのを意識しているんですね。そうするとやっぱり、言葉がすごく市場の論理の言葉を使いだすんですよね。ある哲学系の少し上の世代の教員が、「最近、ゼミ生の発言が市場の論理、いかにして効率性があるか、などを語りだす傾向が強い」と嘆いていたのをおぼえています。もう文系の学問的な基礎は崩壊寸前だと思ってます。文系の大学院や、大学の言葉が効率重視的な意味を出すんですね。

前川　なるほどね。

聡子　そうすると文系の学問も市場に取り込まれ、先に市場に取り込まれている行政の中にも取り込まれていて、ハイブリッド化して化け物みたいになっている。それでもしっかりと真理を追求している大学人は二重規範を強いられ、頭、心、身体が引き裂かれる。そうなると「病む」のですね。

その濃淡は異なりますが、少なくない人が、「本音と建前」を使い分けて研究している。一番、政治家を批判しなくてはいけない時に、政権批判、権力批判ができないのです。気持ち悪いなと思っていて、私なりにもう「今の大学嫌だな」と思ってるんですよ、学問・大学はとても大事なんだけど。でも、批判ばかりではいけないから、今一緒に活動してる人達とふぇみ・ゼミという社会運動団体の中で教育的な側面を重視しているんです。

私も前川さんに倣って、偉くなる術を学ばなきゃいけないんですけど無理なんですよね。じゃあ理系の人達がみんな市場や国家に対して「忠誠心」を誓っているかというとそうじゃなくて、理系の人々は人々で、ちゃんと探求心もあり、学術の豊かさを追求している。だけどすごい額のお金を握らされているから反抗できない。

もう一つは、大学院にいて思ったのが、市民に大学の良さや存在の重要性が伝わっていないということ。これは単に大学人の問題だと思います。大学の改革に反対する署名運動を行っていた際に、道を歩いてる人にとっては「大学の問題なんでしょ」とか、「こんなの私たちに関係ないでしょ」ってすごく言われました。自分は大学の人じゃないから。自分は企業に勤めて企業人だから言ってるうちに、人々に大きな不利益が生じます。人々にとって一番の関わりは、教科書だったり、社会言説だったり、政策ですよね。それら作るのも学者が関わる。それから官僚を輩出するのも大学だし。人口の半分程度はなんらかの形で、大学行くわけだし。なんで市民自体が自分事として大学、学問、学校制度、教育を考えられないのかなっていうのがと。結構最初に大学院でぶつかったことでした。私は大学、大学院の意味というのは市民のものだと思っています。別に大学行った人全員が学者にならないし、ならなくてもいいし、全員が支配者階級になるわけじゃなくて、少なくとも様々な議論があることを知り、小中高校以外でのこういう世界を見て視野を広げるということが学問の自由なんだと。日本の市民が大学の存在価値をあまり理解してないところと学者の浮世離れもあって、どちらもそっぽ向いている。また学者は「市民社会」って言葉をよく使ってますけど、わたしも使ってしまうところがあります。話していてなんですが、どうやら日本には「市民社会」ってあるのかなと思うんです。

もしかしたら、まだ天皇制と臣民しかないのに、左翼の学者は市民社会って言うから、それどこのことって思ってしまうこともあります。やっぱりズレてて、ズレ方がちょっとこう致命的で、ズレを解消できないかなっていうのはずっと考えてることなんですね。そういう意味でも、下村さんがああいう風に言ったことについて、ピンと来る人がどれだけいるんだろうかと。「そうだよねいらないよね文系なんて、だって金儲けできればいいよね」って思っちゃってる人が多いんじゃないかなと。

前川　まあそうですね。新自由主義って要するになんでもお金で価値をはかる、市場万能っていうか、市場が大事っていう考えですよね。そうすると、なんでも価値は貨幣価値でしか測らない。プライスレスな価値なんてものはなくて、でも学問ってプライスレスな価値があるんだけど、プライスレスの価値ってものに目が行かない、お金で測れるものが、お金に価値があると。どのくらいのお金に相当するかで価値が決まってくると。こういう価値尺度っていうかな、価値をはかる方法がお金になっちゃってるんじゃないかと思うんですよね。

聡子　経済学者の中では逆に、本当はそこに価値があるんじゃないってことを言ってますよね、たとえば宇沢弘文さんでしたっけ。

前川　宇沢弘文さんの社会的共通資本という考え方はね、あれは市場に任せられない部分があるでしょと、そこが大事なんだっていう。教育制度はまさに、制度としての社会的共通資本だって言ってるんですよ。社会的共通資本という考え方は非常に大事ですよね。竹中平蔵さんなんてわかんないと思います、竹中平蔵さんみたいな人はなんでも市場に任せればいいと思って、ミルトン・フリードマンみたいな人の亜流の亜流の亜流みたいな感じで。私はミルトン・フリードマンっていう人の功罪のうちの罪は大きいと思うんですよ。レーガン、サッチャー、中曽根の新自由主義的な政策はミルトン・フリードマンから来てると思うんですけど、結局市場に任せておけばいいんだという考え方がどんどん拡大して、公共的な部分にまで市場原理を及ぼしていくっていうことになっちゃった。だから、価格がつかないものは意味がないっていう考え方になってしまう。人間だって自分はどのくらいで売れる人間なのかってね、市場価値で自分を測るみたいなことが起こってくる。

政策と官僚

聡子　私が子どもだった一九九〇年代、官僚は「地味だけどしっかり仕事をする、安い給料だけど人々に奉仕する」というイメージがありました。もちろん官官接待とかありましたけどね。でも日本の今後一〇〇年に向かって土台を作り、未来を考えているのは俺たち官僚なんだと、政治家じゃないんだという、なんだかそういうプライドもあったような気もします。もちろん、それが正しいあり方か、どうかわからないんですけど、一種、政治家に対して、本心では「どうせ私たち官僚がやるんだよ」って思いながら、粛々と進めてたんでしょうね。

前川　それは沢山いました。

聡子　今では、そういうこともすでにないでしょうか？

前川　今はもうとにかく、ご無理ごもっとも、何を言われてもわかりましたっていうね、そういう体質に今の霞が関の官僚集団が変わっちゃったと思います。

矜持というかね、誇りというかね、自負心というか。そういうものは昔はあったんですよ。それはまあ、自負心というのは思い上がりの裏返しみたいなところはあったし、官僚主導だと言って、自分たちがすべて決めてるっていう、思い上がりみたいのあったと思うんですよね。その思い上がりは問題だったと思うんです。

聡子　でも矜持はそれなりにありましたもんね

前川　矜持も失っちゃったんですよね、今はね。政と官のあるべき姿があると思うんですよ。昔の官僚主導というのは、政治家を蔑ろにしちゃって官僚のほうがなんでも決めちゃっていた。でも官僚というのは、国家試験で選ばれてはいるけども選挙で選ばれたわけじゃありませんから、直接国民の信任を受けてないですよね。やっぱり国民が選んでいるのは衆議院議員だったり首長だったりするわけで。選挙で選ばれた人が責任を負うべきだ。その人たちが政策を決定していく人たちなので。私はやっぱり選挙で選ばれた政治家が政策の主導権を握るのは当然だと思うんですよね。

その官僚主導というのがやっぱり倒錯していたというかおかしい。政治家を蔑ろにして官僚が全部決めてっていうのはやっぱりおかしかったと思う。まあ昔の民主党政権はそこを政治主導でやるんだっていうんでやろうとしたんだけど、あっちこっちで官僚の反逆にあった部分はありますけどね。鳩山由紀夫さんなんか外務省に裏切られたんだけど。

聡子　前川さんの本を読むと朝鮮学校のことも指摘してますね。

前川　ええ。朝鮮学校もね。鳩山さんがグラグラしちゃってね。旧民主党の中に非常に右翼が沢山いたんですよ。今の立憲にはいないけども。元々自民党よりもタカ派みたいな人がいました。だから拉致問題が解決しない限り朝鮮学校の無償化はダメだとかって言う人がいてね。そんなの関係ないだろうと。拉致問題がなんで朝鮮学校の生徒と関係あるんだと、私は言いたいけども、そういう結び付ける人たちがいるわけですよね。

民主党政権は政治主導を強調しました。政治主導自体については私は間違ってないと思うんですけど、第二次安倍政権では逆に政治家の思い上がりみたいのが出てきちゃったと思うんですよね。やっぱり官僚をちゃんと使わなきゃいけなかったと思うんですよ。

私は政策を作っていく段階では官僚の出番が大きいと思うんですよ。ただ、政治家が、たとえばこういう方向で政策を打ちたいと言ったときに、じゃあ具体的にはどうしたらいいかっていうのは官僚が立案して、A案B案C案ぐらい作って、A案だとこういうメリットとデメリットがあります、コストがこのくらいかかりますとかって、そういう政策の選択肢を作るのは役人の仕事で、その中からじゃあこれでいこうとかっていう、政策決定をするのは、これは政治家の仕事で。決定については決定した政治家が責任負って、国民に対してもちゃんと責任もって説明しなきゃいけないし、それに対して国民がそれ間違ってるよって言うんだったらその政治家を取り換えると。こういうことだと思うんですけどね。

ところがこの政治主導がどんどん、政治家が官僚のボスみたいになっちゃった。お互いに国民のために奉仕するという意味では同じ公務員なんですよね。憲法一五条で、すべて公務員は全体の奉仕者であって一部の奉仕者ではない、って書いてありますけど、そこで言ってる公務員は、内閣総理大臣も国会議員も公務員なんですよ。だから、選ばれ方は違うけれども、役割は違うけれども、しかし同じ公務員として国民のために仕事するんだと。全体のために仕事するんだっていう。そこは同じはずなのに、なんかその、俺たちがご主人だと、ご主人は国民なんですよ、だけど、俺たちがご主人で官僚は下僕という風に勘違いしちゃってる。

実際菅さんは学術会議の会員の任命拒否を正当化するために憲法一五条を持ち出してるんですよね。公務員の選定罷免は国民固有の権利である、って書いてある、だから私が任命拒否していいんだって言うんだけど、国民じゃないでしょあなたって、あなたは国民に選ばれるほうの公務員じゃないですかと。ところが、国民から公務員の選定罷免の権限をもらってるんだ、みたいなこと言ってるわけです。つまり自分たちが、選挙に勝った途端に自分たちですべて決定して良いんだっていうね。選挙で勝った途端にもう一〇〇パーセントの権力を委任されて、すべての権限を自分たちが持っていると、次の選挙までの間。そういう意識を持っていて、やりたい放題なことやるわけですね、安倍政権も菅政権も。

聡子　以前から、日本には官僚制度（霞が関）と対抗できるシンクタンクがないということへの疑問がありました。今おっしゃった、官僚制度（霞が関）は政府のシンクタンクになっていますよね。だとすると、民主党が「ポシャった理由」は、自分たちで官僚制度（霞が関）と対抗できる政治組織と政策のシンクタンクを作りきれなかった、というのが大きいと思うんです。

どのみち政権交代するだろうという予測はあったにも関わらず、なんか開いてみたらひどかったじゃないですか。外から見ていてもです。つまり良きも悪きも日本の官僚は、まあそれなりの優秀さがあって、それなりにやってきたから立ち回りがすごいわけですよね、権力が変わればそこに順応する。一方で、民主党が市民社会を代表するのであれば（これが違う可能性もありますが）、市民社会・運動も自分たちで自主自立した形で、自分たちで政策シンクタンクを作ろうとする力が大きなうねりにならない。もちろんないとは言わないですよ、あるんですけど、それが大きな勢力にはなり得なかったことがすごく大きいんじゃないかなと思っています。前川さんは政権交代経験しているので、何回かあったときに、官僚としてはどうみていましたか？

前川　僕なんか元々戦後の保守政権あんまり好きじゃなかったから。政権交代何度かありましたよね、私は五五年体制が崩れて良かったと思いましたよね。細川内閣できたときとかね、そう思ったし。それから前の民主党政権で鳩山内閣できたときも、また政権交代起きて、日本も政権が交代するまともな民主主義国家になってきたかなと思いましたよ。

政と官の関係は政のほうが上にあるんだから、政治が変われば官僚が行う仕事も当然変わるわけで。私はむしろ旧民主党の、前の民主党政権のときには喜んで政策を実施しましたね。高校無償化なんか本当に良い政策だったと思いますよ。ただしそれが、結局朝鮮高校を最後まで入れられなかったというのが民主党政権の限界だったと思うんだけど。民主党政権でこの高校無償化を例にとれば、あれは、教育の機会を保障するのは、親の問題じゃないんだという理念に基づいています。子供が学習権を持っていて、子供の学習権を社会全体で保障するという考え方なんです。そもそも学校に行くのは親のおかげで行くんじゃなくて、子供の学習権を社会全体で保障するという考え方です。だから高校無償化というのは、ひとりひとりの子供たちが無償で高校教育を受ける権利を持ってるんだっていう前提なんですよね。そういう考え方で高校無償化の政策、制度を作ったわけで。その中に当然朝鮮高校の生徒が入ってこなきゃおかしかったんだけど、それを民主党政権の中で結局決められないまま政権が交代しちゃったんです。

自民党はどうしたかっていうと、高校無償化の仕組みを変えちゃったんですね。所得制限を導入したんですよ。年収九一〇万円という中途半端なところで所得制限かけた。なんで中途半端な九一〇万円ってなってるかっていうと、自民党は最初七〇〇万円を主張、公明党は一二〇〇万円という、歩み寄っていって最後に九〇〇万と九三〇万まできたんだけど、最後に九一〇万で折り合ったんです。そうやってバナナのたたき売りみたいな感じで九一〇万で落ち着いたんですけど。

その九一〇万円のいわゆる標準世帯と言われているお父さんお母さんと子供二人という、標準でも何でもないけど、標準家庭世帯と言われている世帯でいって、年収九一〇万のところで線引っ張って、それよりも年収が多い家庭の子供は授業料払いなさい、それよりも下の八割は授業料無償ですっていうんです。八割は無償で二割は有償だと。八割のほうは社会が面倒見るけれども、二割は親に面倒見てもらえって、こんなの理屈にならないですよ。これ結局教育費負担は親の役割だっていう前提が復活しちゃってるんですよね。所得の低いほうの親には補助してやるけども、親がお金持ってるんだったら当然親が払うべきものだっていう前提で。そういう所得制限というのを入れちゃったので無償化の理念から大きく後退しちゃったんです。

私は民主党政権が高校無償化を導入したときの制度設計にあたった審議官だったんですけどね、第二次安倍政権で所得制限入れるときは局長になってたんですよ。これは筋悪いなと思ったけども、しょうがない。政治の決定なので。元々の所得制限を入れるんだっていうことを公約に掲げて選挙で勝ってたんですね、自民党が。だから所得制限入れるって言われたらしょうがないよ。所得制限かけてそこで生まれた財源を何に使うかっていうと、低所得層の子供たちのための授業料以外の部分の支援にあてるということにしたわけ。本当はもっと他の財源を持ってくるべきだと思うんですけども。

これを給付型奨学金と言ってましたけど、給付型奨学金というよりは、高校版の就学援助と言ったほうが近い。奨学金というと成績要件が入ってくる場合が多いですけども、この給付金は成績要件がないんですよね。所得の要件だけで、低所得の世帯の子供の場合は成績に関係なく受給資格があるっていう。こういう給付型の奨学金、奨学給付金って名前になってますけども、奨学給付金っていう制度を導入したんです。これは第二次安倍政権下でやったんですよね。私局長の時なんですけど。私はこの高校版の就学援助にあたる奨学給付金制度を作るってこと自体は大賛成だったです。やっぱり経済的理由で高校中退するっていうケースもありましたから。無償化だけでは不十分だったんですよ。

問題はなんだったかっていうと、民主党政権が高校無償化の制度を作る前から、授業料減免制度はあったんです。しかも最も低所得世帯の子供たちは授業料全額免除だったんです。つまり一番経済的に苦しい家庭の子供はもともと授業料を払っていなかったんです。だから、授業料を無償にするっていうのは、一番苦しい家庭の子供にはなんのメリットもなかったんです。元々全額免除だったから。一番苦しいところに恩恵のない制度だったんですよ。でもこれは理念として、子供たちの学習権を社会で保障するんだっていう理念からいったら無償化というのは方向として正しいと思うんだけど。じゃ具体的な恩恵はどこにいったかというと、中所得層以上なんですね。低所得層には元々の全額免除があったもんだから一円も得してないっていうことになったんです。

一番苦しいところを助けるためには、授業料以外の部分を支援する必要がある。高校では授業料以外にもいろんなものにお金がかかりますから、部活動だとか修学旅行だとか、学用品だとか。そういうもののための、小中学校でも就学援助っていう仕組みがありますけど、それにあたるもの、高校版の就学援助が必要だったので、それを安倍政権は導入したんですね。これはその当時の大臣は下村博文さんですけど、私はこの高校版就学援助の制度を作る、奨学給付金制度を作るということ自体は大賛成だった。大賛成だからそこは一生懸命やりました。

私が初等中等教育局長になったのは二〇一三年なんですけど、その前の私の前任者の局長は、二〇一四年度からは作れませんと言っていた。準備期間が必要なので二〇一五年にしか作れませんと。平成二七年からでしかできませんと、平成二六年はできませんと言ってたんですよ。下村さんは不服だったんですよね、私はそのとき官房長だったですから、大臣のそばにいるほうだったんだけど。局長が平成二六年は無理で二七年からやりますと言ったときに、物凄く不服だったんですよ大臣は。それで私は、やろうと思えば二〇一四年、つまり平成二六年からできるんじゃないかと思ってた。それで局長になった途端に、来年からやろうって言ってですね、来年度から、大臣も本当は来年度からやりたいと思ってるんだと言って、とにかく部下を叱咤激励して、それでできたんですよ。二〇一三年の七月に局長になったんですけども、二〇一四年四月からこの給付型奨学金の制度は作れたんですよね。だから、政権がどっちに転ぼうと、良いものは良いと思ってるんです

聡子　それはそうですね

前川　良い制度には協力というか、一生懸命やりましたし、より前倒ししていこうということもやったし。しかし、これはいかんという、やりたくないってものは沢山あったし、それはね、時々やってるフリもしてたわけです。

聡子　ひとつ気になるのが、一応日本は民主主義国家なので、投票で国会議員を決めるわけですよ

ね。となると、完全に政治家だけの責任というのは問題が見えなくなる。やっぱり有権者の問題も考えないと。だから「有権者がすべて悪いのだ」という論も間違っていて、そのあたりが、幻想の民主主義なんだと思うのですが。

前川　選んでる人がね。

聡子　社会が、そういう人を選ぶわけですよね

前川　そうですね。

聡子　そのあたりはどのように考えられていますか？

前川　いやもう、なんでこんな人選ぶ国民ばっかり多いんだろうと思いますよ私だって。本当にもう。やっぱり、本当に自分の頭で考える人がもっと増えてくれれば変わると思うんですけどね。考えてない人が多すぎるんじゃないかなと。ひとつやっぱりメディア。メディアが政治権力の影響を強く受けすぎちゃっていて、かつての新聞っていうのは、たとえば読売新聞とか産経新聞にしたってもうちょっと政権に批判的だったと思うんだけど、物凄くメディアが飼いならされちゃってるって感じがしますよ。NHKなんかも酷いです。NHKの人事にも介入してくる。安倍・菅政権はなりふり構わず、メディアも国家機関も全部支配しちゃう。人事権を使って支配するっていう方法のほかに僕はあと二つツールがあると思うんですけど、ひとつは金ですよね。

危機に陥る民主主義

金とスキャンダルで人事の掌握

聡子　メディアを飼いならす一つの手段がお金なのですね。

前川　官房機密費って、菅官房長官は七年間で八六億円使ったっていうんですからね。つまり年間一〇億以上使ってる、その金は領収書がいらない。だからきっと買収にも使ってますよ、田崎史郎さんがもらってるかどうか知りませんけど。懇談会などの名目でTVの関係者、雑誌などの編集者やライター・評論家などを接待し、帰りにお車代を渡したり。そのようなメディアコントロールにお金を使っているのでは？　お金って、魔力があるんです。人間はお金くれる人の言うこと聞くんですよね。

聡子　そのままですね。

前川　もうひとつはね、スキャンダルを握ってる

聡子　公安通すわけにいかないから私立探偵みたいの雇ってるんですか？

前川　いや、公安使ってると思いますよ。

聡子　じゃ公安からは漏れないようになっているんですね。

前川　そこは鉄の規律があるんでしょう。やっぱり警察っていうのは物凄く上下関係の強いところ

だから、公安警察から漏れるってことはないでしょう。そういう、間違いのない人間を公安警察に持ってくるでしょうしね。

聡子　前川さんの件も公安が絡んでいるんじゃないかという噂をする人がいるんですけど、どうでしょうか？

前川　それは私だってわかりませんよ。だけど、私のケース、歌舞伎町の出会い系バーってところ行って、そこに出入りする女性からいろんな話聞いてたんですよ。それ事実ですからね。それ自体事実なんだけど、それ物凄く個人的な行動であって、別に公用車使って行ったわけじゃないし、公費使ったわけでもない。全く個人的な動機で、要するに女性の貧困というのを、実態を、話聞いてみたいと思って、実際そこで、いろんな女性の話聞いてたんですけどね、それを杉田官房副長官が知ってたんですよね。それは本当にびっくりしましたよ。なんで知ってるんだろうと。

二〇一六年九月頃ですね、杉田さんに呼ばれて行ってみたら、君はこんなところに出入りしているようだけども、立場上控えたほうがいいんではないかと、ご注意を受けましてですね、それは一体どういうところなのかって聞かれて、女子高生はいるのかとかね、いやいや女子高生はいません、とかって言ってね。だけど、そのときにポロっと彼が言ったのはね、「君の前任者にも似たようなことがあったんだよ」って言ったんです。

聡子　じゃ文部次官級全員？

前川　調べてる可能性高い。

前川　どの前任者のことかは分かりませんでしたが、君の前任者にも同じようなことがあったんだよって言われましたからね。行動確認って言葉ありますけども、政府の一定の職をしめている人間の私生活まで調べてるっていうことはあり得る。

聡子　新潟県の知事選で共産、社民両党などの推薦を得て無所属で立候補し、自民、公明両党推薦の候補らを破り当選した米山知事も東京での出会系バーでの「女性に関する問題」で辞任した。当時政府や東京電力は柏崎原発の再稼働に必死でしたが米山知事は柏崎原発の再稼働に慎重な姿勢でした。自治体の首長も調べることあるんでしょうかね、特に革新系など。

前川　いや、あれはどうでしょう、私にはわかりません。わかりませんが、官邸が関与してる可能性はあるとは思いますけどね。

聡子　だって不思議ですもんね。だってあんなのが突然出てきて、前川さんの件にしても。

前川　あれだって本当に個人的な行動ですからね。

聡子　なんで出てくるのかなと、マスコミに。

前川　でもまあそれはああいうゴシップはみんな好きですからね、週刊誌のネタになりますわね。

聡子　沖縄返還でのアメリカと日本政府との密約をすっぱ抜いた毎日新聞記者も、不倫相手の女性から情報収集したことが週刊誌のネタとして多く取り上げられ世間の関心を集めた。

密約という問題がゴシップのネタにすりかえられてしまった。金とスキャンダルで人事や世論を握るっていうのは、すごく「下世話」というか、科学的な視点、論理がないですね、およそ現代文明国家とは思えない。

前川 そうですよね。

聡子 なんていうんだろうか、とても表現しにくいんですね。

前川 開発途上国の独裁みたいな。

聡子 権力機構・政治家が「金と人事とスキャンダル」でコントロールすることがずっと温存されて、社会全体がそれらを「良し」とされている、これはどういう影響なんでしょうか?

前川 私は、安倍政権でも顕著になったことなんだけど、こういうやり方で権力の支配を広げていくっていうのはね、本当に異常なことだと思うんです。内閣人事局による官僚に対する人事支配が原因だっていう説が確かにあるんですけど、でもそれを使っている人間の問題のほうが大きいと思うんですよ。どんな手段でも、それをどう使うかっていう、使う人間によって変わってくるわけですけど、内閣人事局を使う立場にいたのが菅さんっていう人だったってところが大きな問題だったんだと思います。菅義偉《すがよしひで》という人はひでえ。

聡子 杉田官房副長官が知ってた件、あの人は元警察官僚で政治家ではないですよね。なんであんなに政治家の中に影響力があるんでしょうか?

前川　杉田さんは、あの人自身公安警察の出身で、内調のトップである内閣情報調査室長、名前変わって内閣情報官、これもやってますからね、いわば日本のCIA長官ですよね。CIAじゃないけどアメリカの場合、フーバーっていうFBIの長官が死ぬまで長官したでしょ、一九二〇年代にFBIができたときの最初の長官で、ずーっと死ぬまで長官やってたんですよ。ケネディだって辞めさせられなかったんですよ。

ケネディもおそらくスキャンダル掴まれてた。たとえばマリリンモンローとどういう関係なのか、ね。だから、そういう、これね、警察権力というのはやっぱりいろんな情報を握ることができる。内調そのものはせいぜい三〇〇人か四〇〇人しかいない組織ですけど、公安警察があるし、内調の手下になるような御用機関みたいなものがあると。そういうものを使ってると思いますけど、そうやって今度はあの人、あの人間の身辺を探れみたいなことをやってると思うんですね。要するに探偵事務所がやってることを大がかりにやってるようなことを、やってると思いますよ。だからいろんな人の個人的な情報を掴んでると思う。

聡子　杉田さんが持つ「情報」という力を背景にしているということですね。

前川　私はそれは使ってると思いますね。

聡子　ある歴史学者から聞いた話ですが、過去・現在ともに警察庁の資料は自由にみることができないんですね。日本は紛れもなく「警察国家」なんですよ。東京都の職員の数の中で警視庁の数ってすごいですよね。私たちにとって警察は市民を守るものでもなければ味方でもないところがありますよね。

一方で人々にとって警察って「お巡りさん」っていうあの謎の用語が警察の「暴力装置」という面をかなり薄めている。色々なことが見えなくされていて、市民が飼いならされていく感じがするんですね。オレオレ詐欺の捜査や対策など生活安全分野では人手が足りないのになんで公安・治安機構が大きくて、さらに政治権力と一体になって気に入らない人間を追い落とす。それって民主主義の国とは思えない、とても怖い状況だと思うんです。

前川　まあ国民の自覚が足りないというか、主権者たりえていないって問題があると思いますけどね。

聡子　でもそれの怖さというのは、知らないうちに、ファシズム、独裁にいってしまいますよね。

前川　いっちゃってますよね

聡子　そういう気がして。どうしたらいいんでしょうか？

前川　いやもう危ないと思いますよ、本当に危ない。ファシズムにもう入っちゃってると思いますね。

聡子　でも、一方でファシズムになってるということの自覚は、あんまりないですよね。

前川　多くの人はね。この前の日本学術会議の会員候補の六名の任命を菅義偉首相が拒否し、その理由も述べなかったですよね。杉田官房副長官がその六名の任命拒否にかかわっていたのですが。そのときに、映画関係者が出した声明がありましたね。そこでマルティン・ニーメラーっていう人の言葉が引用されてたんですけど、私もそこで初めて知ったんですけど、マルティン・ニーメラーっていう人はナチス時代の牧師さんで。

ナチスは最後にはキリスト教会をも迫害したわけですね、弾圧した。でもそのマルティン・ニーメラーが言ってるのは、最初は彼ら（ナチス）が共産主義者を捕まえたと、そのときには私は声をあげなかった、私は共産主義者じゃなかったから。その次に、社会主義者を捕まえた、そのときも声をあげなかった、私は社会主義者じゃなかったから。その次に労働組合員を捕まえたと、でも私はそのときも声をあげなかった、労働組合員じゃなかったからだと。それからユダヤ人を迫害したと、でも私は声をあげなかったと、ユダヤ人じゃなかったからだと。ついに私が迫害を受けたときに、もう声をあげてくれる人はいなかったっていう、そういう言葉なんですよね。それを映画人たちが出した声明で引用してるんです。菅義偉首相が学術会議の会員の任命を拒否した問題は、これは学問の世界だけの話じゃないと。

聡子　そうなんですよね

前川　映画表現という分野にまですぐ簡単に来る話だ。実際この前良い判決が出ましたけど、「宮本から君へ」っていう映画があったんですけどね、この「宮本から君へ」っていう映画は、文化庁から一〇〇〇万円の補助金が出ることになっていたのに、突然ダメって言われた。その理由とされたのはピエール瀧が出てるからだって。
ピエール瀧って薬物で捕まったんですよね。でもそれおかしいじゃないかって言って訴訟を起こして、それで一審で勝ったんですすこの前、制作者だった河村さんって人がね。でも本当にピエール瀧が理由だったのかって、怪しいんですよね。公益上の必要性っていう漠然とした言葉で、ピエール瀧が出ていると、薬物の使用をした人が。

聡子 文化庁は、映画は「薬物の使用を奨励すること」になる、と考えているでしょうか。

前川 奨励するというか、文化庁が認めているかのように受け取られる恐れがあるとか言うんだけど、この判決ではそんなの関係ないよって言ってる。そんなこと、そう受け取る観客はいないんじゃないのっていう判決になってるんですけど、本当の理由はそこではないんじゃないかなと。私はこの河村さんという人が作っているからこの映画はけしからんと。河村さんが作った、一番ヒットしたのは『新聞記者』っていう映画なんですよ

聡子 あれは本当にいい映画でしたね、とてもよかったです。

前川 あれは二〇一九年に、日本アカデミー賞を受賞したんですね。日本アカデミー賞の作品賞と主演男優賞と主演女優賞も獲ったんですよ。だけど、テレビでは見事に全然報道しなかった。安倍政権批判満載の映画ですからね。まず加計学園を彷彿とするような、国家戦略特区で特別な大学の

設置を認可するっていうところから始まってるんです。それからサイドストーリーとしては、伊藤詩織さんの事件なんかも出てくるんですよ。後藤さゆりさんっていう名前なんだけど、この映画の中ではね。それから、私みたいな風貌の文部官僚が出てくるんですよね。

聡子 そうですね、あれは前川さんですね。

前川 そう。なぜか僕に似てるんですよ。

聡子 似てるじゃなくてたぶんそれですよね。望月さん（東京新聞記者）ですもんね、シム・ウンギョンのやった役は。

前川 そうです、モデルになってるのは望月記者でね。もう現実に起きたことを題材にしていて、最後はこれ、生物化学兵器を開発するっていう国家の謀略があるんだっていう。つまり、国際法で禁じられている生物兵器、化学兵器を新しい大学で研究するっていう、そういう隠れた意図があるんだっていうところまであるんだけど、その秘密を抱えたまま自殺する公務員が出てきちゃったりする。このへんはあの、森友学園問題の赤木さんに近いものがあるし。そういう映画作っちゃって、そらもう安倍政権からしてみたら物凄くけしからん映画人なんですよ、河村さんっていう、スターサンズっていう制作会社ですけどね。

そこが作った映画に文化庁一〇〇〇万円出すことになってたのが突然不交付になっちゃった。私はこれ報復じゃないかなっていう、私は、証拠はどこにもありませんけどね、理由はピエール瀧が

出てるからってことになってるんだけど

聡子　なんか見つけたかったでしょうね、どこか「不交付にする理由」がないかって。

前川　そうそうそう。なんかこいつらに、ギャフンと言わせる手はないかと。そうすると、ここに一〇〇〇万円出すことになってるけど、これを引き上げてしまえと。文化庁は同じ手はあいちトリエンナーレでもやったわけですね。

あいちトリエンナーレの表現の不自由展その後、あいちトリエンナーレ全体で七八〇〇万円出すって言ってたのを、あの表現の不自由展があるので全部不交付にしちゃったんですね一旦。あとで折り合いつけて減額して交付しましたけど。一旦全部七八〇〇万円全部出さないって言ったんですよ。そのときの理屈がまた、全然この平和の少女像がいけないんだ、とかって言ってないわけですね。別の理由があるんだって言ってるわけですね。テロ予告があったじゃないかと。テロ予告があることが予想されたのにそれをちゃんと報告しなかったとかっていう難癖つけてね、手続きの瑕疵があるとかっていう理由で七八〇〇万円出さないって言ったんだけど、あんなの全然理由になってないんで、本当の理由は、展示の内容が気に入らないってことなんですよね。

そうやって、今もう明らかに学問の自由だけではなくて表現の自由も侵害されてきてるし、もう一つ身近な話では、表現の自由の問題が起きたと思うのは、二〇一九年のときの参議院選挙のときの、北海道、札幌のヤジですね。安倍首相が街頭演説してるときに、「安倍やめろ」あるいは、「消費税反対」って言った人たちが警察に排除された。だけどそこは、公の空間、公道ですからね、その公道で肉声のヤジ飛ばしてただけですから、それは犯罪でもなんでもないし、道路交通法に違反してるのかというとどこにも違反してないし、条例違反があったのかっていうと条例違反などないし。ヤジ飛ばすっていうことは、私は数少ない国民に許された表現の自由のひとつだと思いますよ。そのヤジ飛ばした人を北海道警察の警官たちがね、逮捕令状もなにもないのに排除したわけですよね。あなたこっち来なさいといってどんどん連れて行ったわけでしょ。ああいうことは、逮捕令状がなければできない、逮捕してるわけですから、身体的な自由を拘束してるわけですから。あんなことは、逮捕令状がなければできないことです。私はここにいたいんだと思う人が誰でもいていいところにいるわけなので。それを排除する理由はない。ヤジ飛ばしたなんていうことでは排除できないはずなのに、北海道の警察はああいうヤジ飛ばす人間は連れ去るっていうことを平気でやったんですよ。私はそういうところにもうすでに自由が奪われ始め、市民生活に及んできていると思います。

そしてヤジ飛ばす人が排除されても当然だ。そうゆう雰囲気ができつつあるとも思います。

情報の隠蔽体質

聡子　金とスキャンダルで人事の掌握しながら、政府の情報については、記録は破棄したとか、さらに法律に基づいて情報公開を請求しても黒塗りの資料が出てくる。質問に対しても政治家が、「その件についてはお答えできません」とすり抜ける状況が増えてきたと思うのですが、どう考えていますか？

前川　増えましたね。

聡子　前川さんの経験から、「役所の資料を黒塗りにしろ」という指示はどこからくるのか、教えてもらえますか？

前川　官邸から直接指示がある場合もあるだろうし、もうこれは官邸の、安倍さんや菅さんに及ぶと思ったら、各省の役人が忖度して塗っちゃうってこともあるでしょうしね。

聡子　自分らで塗っちゃう場合が多いってことでしょうか？

前川　多いと思いますけどね、自分たちで。ただそれは、官邸、政治家からの指導の場合もあると思いますよ。

元々ね、情報公開法っていう法律がある。私は情報公開法ができたときに現役の官僚でした。その前に各自治体レベルで情報公開条例というのが次々できていたし、やはり民主主義を強化する、強くするためには、政府が持っている情報をちゃんと国民に知らせるっていうことは必要ですよね。国民が知らなければ間違ったことを是正することもできないわけで、知らないところでとんでもないことが起きてるってことは、実際特定秘密保護法なんかはそういうことになっちゃってると思いますけど。

情報公開法というのは非常に大事な法律だと思います。民主主義の基礎になるものです。私は情報公開法ができたときに、文部科学省の中で実際その情報公開法の運用にもあたる立場にもいたんですけど、不開示情報っていうのは非常に厳密に考えてましたよね。少なくとも情報公開法ができた当初は、「不開示情報」というのは、冗談で言ってましたけど、「深い事情」がなければダメだと。

聡子　深い事情ですね、なんだろう。

前川　うん。誰かのプライバシーに直接関わるとかね。あるいは公平公正でなければならないような行政手続きに影響を及ぼすとか。しかしその事情がなくなったときには公開すると。今審査中だから公開できませんってなったら、審査が終わったら公開できるわけですからね。そういう不開示情報というのは厳密に考えていたし、黒塗りっていうのはありましたけど最初から。でも本当にピンポイントで、この人のここの名前は伏せますとか、ここの手続きの部分は伏せますとか、そういうことで、不開示情報は厳密に考えてましたよ。ところがもう今はね、政治家の都合の悪いものは全部黒塗りしちゃうと。あれは酷いなと。いわゆるのり弁って言われるね。文書あるんだけど全部黒になってるっていうのはね。文書が存在することは知らせるけどもその中身は全然知らせないっていう。ああいうとんでもない黒塗りっていうのは、そもそも情報公開法が想定していない、あんなに不開示情報が沢山あるはずないんですよ。開示が原則なんですから。

不開示情報は例外であって、不開示にするっていうのは、本当に深い事情がないとダメなんだと。具体的に、誰かの権利を侵害する、あるいはなんらかの具体的な公益を明らかに侵害すると。そういうもっともな理由がない限りは不開示にできない。

その開示に不服がある場合には審査会に提訴することができますけども、その審査会も十分機能してないと思うんですね。そこでひっくり返ることがない。そうするとあと訴訟しかないわけですね。訴訟を起こして、裁判で勝ち取るっていうのが物凄い時間もかかるしお金もかかるし。それで勝ち取ったとしてもそのときにもらってももう遅いよっていう情報が多いわけですし。しかもずっと戦い続けていって、最高裁までいっても最高裁で負けちゃう可能性高いですよね。もう今の最高裁判所の裁判官って全員が安倍・菅内閣で任命された人ですから。その中には加計孝太郎さんのご学友もいたわけですよ。

お友達人事と巧妙なレトリック

前川　うん、選択的夫婦別姓合憲というのが一一人いた、そのうちの一人は加計孝太郎さんのお友達で、最高裁判所の裁判官になる前は加計学園の監事だった人ですからね。そんなお友達人事までやってるわけで。

聡子　情報公開も含めですけど、アメリカもかなりトランプ政権で「ぐちゃぐちゃ」にされましたね。映画「ペンタゴンペーパー」見た時に思ったのが、私たち市民は、権力っていうのは嘘もつくし、悪いこともすることを前提に考えなくてはいけない。そのセリフの中に、「これはあとの歴史家が判断することだ」と主犯格たちが言うわけですよ。

「情報は誰にでも公開されている」と語って終わる。ということで、今行っている行動、判断、政策について、誰のためかを確信を持っておこなうわけです。乱暴にいったら、「確信をもって今は悪いこととする」んです。だからあとの「評価」は歴史の判断に任せる。と言えるわけです。アメリカが素晴らしいとか言っているのではなく、市民と権力者が拮抗することを前提に社会が成立しているんですね。

ところが、日本の場合、さっき伊藤博文が、わかってて嘘つくのもそうですが、権力者が、人々を「愚民化」する。市民を、「人」として対等と思っていない。騙して進めてもいいのだ、という一種の「権威主義」が根深い。高い地位にいることだけで自分自身を正当化して、家柄・人種・学歴・財産・性別などで勝手にヒエラルキーを作り、その頂点に自分たちを置く。それ以外の人々を「バカ」にする。安倍政権も菅政権もそういう人々が政権にいる。

朝鮮人についてもそうですよね。「俺たちは朝鮮人が嫌いだから、劣っていると思うから差別するんだ」とはっきりは言わずに、在特会（在日特権を許さない市民の会）に言わせておく。さっきの文化庁も「お前なんか、日本国家の意向を沿わないんだからダメ」ではなく、もっともらしい理屈でうまく攻めてくるのですよね、

前川　巧妙なんですよね。

聡子　もっともな理由をつけてやってくるというのが、市民にそうかもしれないと思わせ、消極的ながらも政権を支持することがあると思うんです。

そんな中で森友・加計学園・桜を見る会など、これだけ疑惑が出ている。特に加計学園や森友は教育に関係することですので、このことに関して官僚はどう思っているのでしょうか？前川さんが、現役時代の考えでもいいですので。

前川　加計学園問題を例にすると、加計学園の獣医学部を特別に作らせてやるっていう話は、どう考えても筋の通らない話だということは、文部科学省の中で仕事をしている、関係している職員はみんなそう思ってました。

聡子　ですよね

前川　私だけではなくて。もう担当している局長も、審議官も、課長も、課長補佐も、係長も、みんなこんなの酷いと、こんなもの認めるべきじゃないんだと思ってました。さらに言えばあの時の大臣は松野さんって人だけど、大臣だってこれ筋が悪いということがわかってたんですよ。

だけど大臣は最後には政治的な判断に従ったわけで、政治的な判断が下されりゃその下の行政官は従うしかないですけどね。だから、みんなおかしいってわかってましたよね。これは安倍さんのお友達のために筋を曲げてるんだと。本来獣医学部は作れませんという方針が確立していたわけです。なぜならば獣医師が足りてるから。これ以上大学で養成する必要ないんですと。これから需要が増える見込みもないと。今産業動物も愛玩動物もずっと減ってるわけです。

だから、これ以上獣医師が必要だという見通しは全くないので、獣医学部は作りませんと。こういう考え方で、これはもう農水省と文科省の方針は明確だった。農水省が将来の人材需給は予測するわけですけど、農水省も獣医師はこれ以上いらないって言ってたわけですから。だから新設規制があったんですよね。小泉内閣のときに大学をいくらでも作っていいよという風に自由化したんだけど、そのときに、限られた分野だけは抑制したんですよ。つまり原則自由だけども例外的にここは抑制するっていう、その例外の中に獣医学部は入ってたんです。医学部、歯学部、獣医学部、それから船舶職員の、航海士とか、機関士だとかね、船動かす専門職。これはもう将来人材需要の見通しがないと、増える見通しがない。だからこれ以上人材養成を増やすのは、全体として資源の無駄になるということで、新設規制をかけてあったわけ。それを打ち破るだけの理由があるかっていったら本当はなかったんですよ。

でも国家戦略特区っていう仕組みを使うと、なにかうまく理屈さえ作ってしまえばできちゃう。あれは特別の事業者を特別扱いすることを正当化する仕組みなんですよね。これは国家戦略だと言ってしまえば良いということになっちゃうんですよ。

聡子　しかも加計学園の獣医学部の人数が多いですね。

前川　多いです。あそこの獣医学部は入学定員一四〇人なんですよね。日本で一番大きい獣医学部なんですよ。日本で一番、それまで一番大きかったのは確か北里大学の獣医学部かな、一二〇人が最大だったのに、日本で一番大きい獣医学部ができちゃったんですよ、一四〇人。元々日本中の獣医師養成の学部を全部足しても入学定員九七〇人しかなかったんですよ。

聡子　じゃ二割弱ぐらい。一五%くらいか。

前川　ええ。九七〇人のところに一四〇人増えたんですから。物凄く増えてるんですよ。そんなに需要が増えるはずがない、獣医師のね。だから将来余ることは間違いないですけどね。そういう無理難題を押し付けられると、でも無理が通れば道理が引っ込むっていう言葉もあるし。もう無理、無理ってつまり、合理性がないっていう意味で、理屈がないってことはわかっていても、政治の力でやらされちゃうと。こういうことがずっと続いちゃってるわけですよね。

森友学園問題も加計学園問題も桜を見る会も、それから菅政権になってからの東北新社なんかの問題もそう。菅さんの私物化で私が物凄く許せないと思ってるのは、自分のお友達を文化功労者にしたことなんですよね。ぐるなびの会長で、滝久雄さんっていう人ですけどね、このぐるなびの会長というのは菅さんのスポンサーですよ。

聡子　本当に、文化功労者、滝さんがもらっているんですね。

前川　滝久雄さんね。この人のどこが文化功労者なんですかと。もう明らかにこれは菅さんによる文化功労者制度の私物化なんですよ。この滝さんという人はどうも文化功労者になりたくてしょうがなかったんでしょう。文化功労者ってその中で、あと一〇年ぐらい、七、八年経つと文化勲章もらう可能性があるわけ。

前川　文化功労者になると年金がもらえて、毎年三五〇万円もらえるんですけどね。

聡子　結構大きいですよね。

前川　大きいですよ、三五〇万といったら、生活保護よりも大きいですから。その年金も彼はもらってるわけですけど。文化功労者になるような功績なんかないですよこの人。どういう功績で文化功労者にしたのかというごく簡単な発表は文部科学省がしてますけど、この滝久雄さんの場合は三つあるっていうんですね。ひとつは食文化の普及だっていうんですね。ぐるなびの会社だからって食文化の普及になってるか。もうひとつは、パブリックアートの普及だって。この滝さんという人は、最初自分のお父さんから引き継いだ事業があって、これは駅の広告を作る仕事なんですね。駅にたくさん広告ありますよね。

聡子　ありますね、それ。

前川　その事業の発展形で、いろんな駅に芸術作品を置いていくっていう、そういう事業をはじめたんですよ。それをパブリックアートと言っているわけですけども。要するに公共空間に芸術を置いていくという事業。それ自体悪いことじゃないんですけどね。でもそういうことやってる人は他にも沢山いるわけですけど。それから三つ目がペア碁の普及だっていうんですよ。ペア碁ってなにかっていうと、囲碁をペアで打つ。男女の一組が四人で囲碁を打つ。男性が打ったあと女性が打つっていうね。ミックスダブルスみたいな。囲碁のミックスダブルスみたいな囲碁の楽しみ方、これをペア碁っていって、それを考えて、考えついて広げようとしてた人なんですね。ペア碁の普及が功績に入ってるんだけど、ペア碁なんて普及してない。

聡子　初めて聞きました。

前川　でしょ。だからどれひとつとっても、文化功労者に相応しいような業績とは到底言えないですよ。元々文化功労者っていうのは、本当に文化創造活動をした人がなるんですよ。絵画だとか彫刻だとか、あるいは歌だとか文学だとか。実際に芸術文化作品を作った人になってもらうというのが元々の文化功労者なのに、なんかグルメサイトの事業をやってるとか、駅に芸術作品を置いてたとか、ペア碁を普及させようとしたとかっていう、こんなことで文化功労になるはずがない。

聡子 全部私物化ですね。

前川 私物化ですよ。

セクシュアル・マイノリティ

聡子 最後に、セクシャルマイノリティについてお聞きしたくて。ご自分で啓発のグッズを作ったんですよね。

前川 ええ、ステッカー作ったんです。

聡子 キンコーズでステッカーを自分で作って、それを省内に配ったと聞いて、面白い人だと思って。前川さんにお話聞きたいとおもったのはこれが一番でした。

前川 私もここで言うところのおじさんだったんですよ。ミソジニーなんて言葉知らなかったけど、よく考えてみるとね、俺の中にもミソジニーがあるかもしれない。差別意識みたいなものって自分では持っていないつもりでも実は持っているってことあるじゃないですか。今でも私きっとよく見たら自分のどこかにそれがあるんじゃないかと思います。

聡子　私見てどう思いました？なんてうるさい女だと思いましたか？女のくせにとか。

前川　いやいや全然、活発。

僕女のくせにってことは全然考えたことないです。むしろ今とにかく政治家に女性が少なすぎると。だからといって小池百合子とか高市早苗でいいとは思いませんけどね。それは別の話ですけど。元々ね、本当に性的少数者に対する偏見は持ってましたよ。オカマとか、オネエとか、ホモとか、レズとかいう差別的な言葉を使ってたわけでね。かつて私は、性的マイノリティの人たちを嘲笑するような文脈で話すことはありました。自覚したのは局長になってからですから、五〇代後半です。

そのときに、「gid.jp」という性同一性障害（Gender Identity Disorder）の団体の人達が要請行動で私のところに見えたんですよね。それまで局長は会ってなかった団体なんだけど、局長に会いたいって言ってこられたので、会いますよって言って。今までの局長は断ってたらしいんだけど。お目にかかって、彼ら彼女たちの要望を聞いたんですね局長室で。性同一性障害とトランスジェンダーというのは同じ概念じゃないけど重なった概念で、体の性と心の性は一致しないという、生まれついた性の不一致に違和感を持っているっていう、そういう人達の話ですけど。なるほどそういう人達がいるんだなっていうことと、学校の中でも児童生徒の中にそういう人達がいる、確実にいる。その子供たちが物凄く辛い思いをしていると。これはちゃんと実態を知って対応しなければいいけない問題だなと、そこで初めて啓発されたわけですよ、要望を聞きながらね。私だって、それまで全く無自覚にオカマとかオネエとかオトコオンナとかって言ってたんですからね。それでこれはしっかりと政策課題にしなきゃいけないと思い、それで担当課に話をして全国調査をしたんですね。

このときもこれはひとりひとりのプライバシーに関わる問題だから、調査では個人名は報告しなくていい、戸籍上の性別と学年だけを教えてくださいということにしました。学校として性同一性障害の医師の診断を受けた人をどのくらい把握してるかっていう調査で。わざわざこのために新たに学校内の調査をしなくていいと。今把握しているケースだけを報告してくれと。それを報告するにあたって、本人保護者の同意を得てから報告してくれと。そのようにプライバシーを侵害しないように注意しながら調査したんですよね。そしたら全国の小中高等学校で六〇六人だったかな、学校が把握してる性同一性障害の当事者がいたと。今は性同一性障害という言葉自体が今医学会では使うのはやめようって言ってますね。性別違和とか別の言葉にしようと。

聡子　そうですよね、性同一性障害は使っちゃまずい。

前川　つまり障がいという風に語られること自体に問題があると私は思いますけどね。でも今法律にまだそのこと残ってますから。性同一性障害の法律ができたこと自体は実は進歩だったと思うんですけど、でももっと広くセクシャルマイノリティの差別を撤廃するのと、それから彼ら彼女たちが自分の望む性別で生きることができるようにするというのは物凄く大事なことだと思いますし、同性婚なんかとっくの昔に認めてなきゃおかしいと思いますけどね。そういう意識、そういうセクシャルマイノリティに対する理解がちゃんとできるようになったのは私が五〇代後半になってからですよ。局長の時に団体の人に会ったのがきっかけで、それからいろんな本を読み始めてね、それで自分は実に認識が低かったなということに気が付きましてね。それで文部科学省として教育の場面で教職員たちにもちゃんと理解してもらうってことが大事だけど、その前に文部科学省の職員自身がちゃんと勉強しなきゃいけないと思って、それで次官になってから省内での勉強会を開いたんですよね、学習会を。課長補佐以上だったかな、室長以上だったかな、幹部職員に集まってもらって、セクシャルマイノリティについて専門家に来てもらって話をしてもらうっていう学習会を開いたりして。

あとは、そんなことしてる間に、もっと進めていこうと思ってたんですけど、ＬＧＢＴに人達に対するアライ（アライ ａｌｌｙとは「味方」を意味する単語で、そこから転じて「ＬＧＢＴを理解・支援する人」を指します）だっていう、いわゆるストレートの人達が当事者に対して私たちは理解者だということを示すっていう、これも大事だなと思って、ＩＢＭや野村証券などの会社がそういう取り組みしてるっていうのを知ったので、これは良いことだから文科省でもやろうと思って。

文科省の中でやろうと思っていたんだけど、突然違法天下り斡旋問題で辞めなきゃならなくなったんで。本当はもっと省内で議論して、議論した結果としてそういう仕組み作ろうと思ってたんですよ。ところがそういう議論をしてる暇がなくなっちゃって。でもそういう取り組みをしているんだというステッカーがあれば、この人は、この人だったらカミングアウトしても大丈夫な人なんだなっていう、カミングアウトなんかしなくてもいいんだけど、するかしないかは本人の自由意志の問題ですけど。少なくともこの人はわかってくれる人なんだからっていう、偏見を持ってないんだっていうことがわかるだけでも物凄く居心地がよくなると思うんですよね、その当事者の人達はね。文科省ってビルの中に二五〇〇人ぐらいいるわけですから、当事者が必ず何人かいるわけですよね、低く見積もっても一〇〇人から二〇〇人ぐらいの同性愛かトランスジェンダーかその他の性的マイノリティの人がいるはず。

前川　必ずいるわけなんですよ。必ずいるけれども、言ってないだけで、実は私のところに、実は私そうなんですって言ってきた人はいますよ。

聡子　やっぱりそうですか。また自分はアライ注だと告白したり。

前川　実は私は女性だけど女性が好きなんですということを言ってきた女性もいたしね、バイセクシャルの人もいたし。トランスジェンダーの人は会わなかったけど、セクシャルマイノリティの中でもトランスジェンダーは少数のほうですよね。でもトランスジェンダーの人もいる可能性は十分ありますよ。それは文科省で二五〇〇人も職員がいればそれはいてもおかしくない。だから当事者の人達が苦しい思いをしながら仕事をしてるだろうと想像すると、それを和らげて働きやすい職場を作っていくためにはそのアライっていうのを増やしていくっていうのがね。

聡子　ステッカーってあるんですか今。

前川　今ここにはないです。

聡子　すごく見たくて、どういうステッカー作ったのかなと。

前川　どういうのかっていうとね。

聡子　すごく気になってたんですよ、見てみたいと、いつか会う日があったら聞こうと思っていました。

前川　丸いやつなんですけどね、文部科学省のマークがあるんですよ。文部科学省のマークって変なマークでね。

聡子　なんかポケモンみたいですね。

前川　これ羅針盤だっていうんですよね。なんかこう、ドーナツみたいのがあって、このドーナツの身の部分が一二に分かれていて、ここにボールみたいな玉があるんですよ。羅針盤って僕本物見たことないけど、羅針盤を表してるそうなんです。僕にはルーレットにしか見えないんだけど、ルーレットとその玉みたいな感じでね、これでひとつのマークなんですよ。これ全体が水色なんですよ、文科省の公式のマークは。

文部科学省

MEXT

MINISTRY OF EDUCATION,
CULTURE, SPORTS,
SCIENCE AND TECHNOLOGY-JAPAN

聡子　見てみます、文科省で出て、マーク、わかった、これですね。
前川　そうそう、それです。それの上の丸い部分を取っちゃって、この下の大きい丸だけ使って、その青くなっている色をレインボーにした。
聡子　レインボーにした、なるほど。
前川　これちょうど一二あるんですよ、だから六色を二回ずつ使って、レインボーの色にしてね。その輪の上に重ねて黒色で四行の文字を入れました。一行目は、Ｉ　ａｍ　ａｎだな。二行目は大きい太文字でＬＧＢＴ。三行目も同じようにＡＬＬＹ。四行目は一行目と同じ大きさで、ＩＮ　ＭＥＸＴと書いた。ＭＥＸＴは文科省のこと。こういうの作ったんです。自分でデザインして。
聡子　自分デザインしたってきいて、面白いなって。
前川　それでキンコーズ行って、自分で作った絵持って行ってね、こういうの作ってと言って。キンコーズで作ってもらってね、それでステッカーぱっと貼れるように。
聡子　私のここに貼りたいですねそれ。
前川　すいません、現物ないんでもう。全部文部科学省の児童生徒課ってところに預けてきちゃったんで、彼ら今でも持ってるかどうかわかりませんけどね。

岐路に立つ日本

聡子　経産省の若手キャリア官僚二人が、中小企業への給付金を詐取した事件。官僚のくせにじゃなくて、ああいう人しか官僚にならなくなっちゃったとしたらね、あれは一部の人ですけど、自分で働く場所で制度作ってあんなことやるなんて、議論にならない話じゃないですか。

前川　本当にもう論外ですよね。

聡子　そうですよね。でもあれは、あの人たちが「おかしい」って切り捨てるんじゃなくて、あのようにせざるを得ないような状況だとしたらそろそろ日本っていう国を、ちゃんと変えないと。そして、何よりも志ある人が官僚にならなくなっているってことでしょうね。今回の経産省の事件はその象徴だと思いますけど。官僚の世界は私たちが知る以上に、酷くなってきているってことでしょうね。

前川　まあ腐ってきてる。

聡子　腐ってるんじゃないかと思って。

前川　鯛は頭から腐っていくけど、だいぶしっぽまで腐ってきたってことです。

聡子　あの事件衝撃だったんですよね。

前川　うん、まあここまで腐ったなと思いましたよ。彼ら二八歳でしょ。別に終身雇用が良いとは思わないけど、ずっと役人でいるつもりは元々なかったんじゃないかと。

聡子　でしょうね。

前川　だから、本当に世の中のために仕事をしたいと思って役人になった人間は、あんな金儲けしようなんて考えないですよ。給料は低いんだってわかって来てるんだから。だから、どうしてあんな人達が入っちゃったのかって思うけど。本当に金儲けしたいんだったら経産省なんか、役人なんかならなきゃよかった。

聡子　本当ですね。

前川　役人になる前に会社作ってたと、そこに疑問もあって。さらにそれを利用して詐欺働くなんていうのは本当に論外、論外の論外の論外ですよね。あんな役人が出てきちゃったというのは、これは本当に世も末になってきたなと思いますよ。

聡子　そう思います。私もちょくちょく朝鮮学校の件で文科省に行ってて、ちょっと厳しいなと、私も一回激怒して、私より若いかたぶん同じか若いぐらいの官僚に、あなたたちが私の学生だったらゼロ点だって言ったんです。あまりにも論理が通ってなくて。「若い女にこんなこと言われた」って顔をしていました。私たちだけじゃなくて、いろんな人が言ったんですよ、あまりにも酷かったんです。でも今回の経産省の事件は、あれは、結構深刻だなと。そういう意味では官僚制だけじゃなくて制度改革も含め、市民の意識も変わらないと。今が分岐点で、このままいけばあとは壊れていくしかなくなっちゃいますよね。

前川　いや、相当壊れてますよね。

聡子　日本全体がね。もちろん官僚制度だけじゃなくて。

前川　まあどうやって建て直すかっていうのは難しいけど。

聡子　どう建て直したらいいかっていうのを、ちょっとだけ、最後に。

前川　やっぱりまずは政権交代、政権交代しなきゃ、自公政権のままじゃダメだと思うんですね。昔は自民党の中での疑似政権交代があったけど、今はもう自民党の中での疑似政権交代は期待できない。

小選挙区制もひとつ原因だと思いますけど、もう派閥の違いがほとんどなくなってきちゃいましたね。やっぱり昔の、たとえば宏池会っていうのは池田勇人の流れを汲む、軍事大国にはならずに経済的な豊かさを大事にして、それから憲法は改正しなくていいんだという考え方。宏池会っていうのは今の岸田派ですけどね。この前広島の参議院再選挙で立憲の応援に行ったんだけど、そのときに痛感しましたけどね、岸田さんはもう安倍さんにしっぽ振ってるだけになった。とうとう敵基地攻撃能力の保有が必要だって言い始めたんです。

聡子　攻撃能力を言い始めたんですか、もうダメですね、もう終わりですね。

前川　敵基地攻撃能力を持つっていうのはつまり先制攻撃の力を持つということ。これはもう、専守防衛から外れてるんですよね。だから、敵基地攻撃能力を持つべきだなんてことを宏池会が言い始めてるっていうのは、もう自民党が完全にグッと右に行っちゃってると、もう復元力ないと思うんですよね。日本には極右政党がないって言うけど、自民党が極右政党じゃないかと思います。

聡子 そうそう、まさに自民党が極右政党ですよね。

前川 今の安倍、菅自民党というのは極右政党ですよ。かつての自民党の良識派は今の自民党の中にごくわずかしか残っていない。村上誠一郎氏みたいなね、本当に絶滅危惧種というか、ほとんど絶滅しかけている護憲派とかハト派っているけど、もう完全に浮いちゃってる存在ですよね。もう自民党の中で権力を奪い返すことができないところまで追いやられてる。だから自民党の幅の広さが失われてますよね。かつての自民党って野党の政策を三年後に実現するって言われてたんです。社会党や共産党が言っていることを三年後には取り入れてやるということで延命してきたと。私は与謝野馨《かおる》っていう人の秘書官やってたんです。与謝野馨って、与謝野鉄幹・晶子の孫でね。

与謝野さんって面白い人だったんだけど、かなりリベラルな人だったんですよ。自社さ内閣ね、自民党と社会党とさきがけの内閣の村山内閣のときの文部大臣で、そのとき私は大臣秘書官だったんですけど、そのときに言われたのを覚えているのは、自民党と社会党が連立を組むなんて想像もつかないことが起きたと思うだろうけれども、そうでもないんだと。自民党と社会党は元々裏で繋がってたんだとかって言って。要するに、社会党が主張していることをあとから自民党が取り入れて実現するっていうことをずっとやってきたんだと。だから自民党は実は社民主義政党なんだよって言ってましたよ。あの頃まではそうだったと思うんですよね、小泉さんのあたりからはガッと新自由主義に行ったんだけども。自社さ内閣は一九九四〜五年ですね、一九九〇年代半ば頃の話ですけども、その頃まではまだ自民党は実は社民主義政党なんだっていう話が通用したような時代だったと。

聡子　その前までは石橋湛山や三木武夫らの系譜に連なる宇都宮徳馬さんなんかが自民党にいられた。

前川　そうです。

聡子　今から考えたら。

前川　ええ。あんな人が自民党にいられたんですからね。今だったら党内で反日とかって言われますよ。本当に、自民党はそういう意味ではかつてはウイングの広い政党だったのは間違いない。だけど今はもう、グーっと右行っちゃいましたから。

もうひとつ面白い話は、先程の加計学園問題で、大臣だったのは松野博一（ひろかず）さんという人だけど、この人は松下政経塾の出身なんですけど、松下政経塾出身者にありがちな新自由主義と国家主義の怪物みたいな人じゃなくてね、かなり真っ当な人なんですよ。松野さんっていう人は非常に常識的な人で、この人がポロっと言ったのが面白かったなあ。僕はずっと保守本流の真ん中にいたつもりだったんだけど最近自民党の中でお前はリベラルだって言われるんだ、僕は変わってないのに周りの人間がみんな右行っちゃったんだって言って。そういうことを言ってましたよ。だから、そういうところに表れているように、自民党が変質しちゃったと思うんですよね。

聡子　右旋回がすごいですよね。

前川　はい。

聡子　その右旋回が「おじさん政治」の特徴だと思うんです。今後どうなるのか。憲法を変えて軍隊を持ち戦争に出かける国にし、国内では天皇を中心に据えた家父長制度を再度作る。そんな「おじさん政治」の究極の目標は「おじさん」が主役で進めているんですよね。でも今の年配のおじさん達が去った後は今の若者たちが主役になっていく。そして再び「おじさん政治」を引き継ぐのか別の道を歩むのか、そんな岐路に今立っていることは間違いないと思いました。

本日は貴重なお話を、ありがとうございました。

日本の政治を取り戻す……おじさんたちから

能川元一
大阪大学大学院博士課程満期退学、哲学専攻。同大の助手を経て、神戸学院大学などで非常勤講師。二〇〇〇年の半ばからインターネットの上でのヘイトスピーチや歴史修正主義の言説に危機感を抱き、いわゆるネット右翼を研究対象とする

安倍政権の特徴

聡子　私は安倍政権の特徴の一つに、ミソジニー（misogyny・女性蔑視・嫌悪）政権、女性蔑視を長らく繰り広げてきた政権だということがあります。そして憲法改正を目指す。長期政権下でそのかなり建物の基礎を作られて、そして今に至ってきてると思うのです。右派論壇の研究を研究し『海を渡る「慰安婦」問題』という本を出版した能川さんに、日本の人々がヘイトスピーチをしたり、何気なく言ってることが、政治家も含めた知識人がかなり意図的に作り上げてきて、社会を右傾化するに一役買っていたということについて少しお話をお伺いいたします。

能川　企画を相談しているときには、安倍政権を振り返ろうっていう話だったんですけども、いざ首相が変わってみると、菅義偉首相も就任早々アクセル全開でいろいろやらかしてくれていて、ゆっくり振り返ってる暇はないなという感じですね。でもここは多少遠回りにはなっても、安倍政権を特徴づけていたいくつかのことについて、ちょっと報告させていただきたいと思います。それはまさに、現在の問題にも繋がってきますので。

表１：自民党総裁経験者・総裁選主要候補の月刊右派論壇誌への登場回数

2000年2月号～2012年10月号（『諸君！』は2009年6月号まで、『WiLL』は2009年7月号から）			
論者名＼誌名	『正論』	『諸君！』＋『WiLL』	
安倍晋三	20回	17回	
福田康夫	0回	0回	
麻生太郎	0回	1回	
谷垣禎一	1回	0回	
石破茂	4回	4回	
2012年11月号～2020年10月号			
論者名＼誌名	『正論』	『WiLL』	『Hanada』
安倍晋三	8回	8回	3回
菅　義偉	1回	4回	3回
岸田文雄	1回	0回	0回

（国立国会図書館オンラインの「雑誌記事」検索にて、「著者・編者」欄に各氏名を設定して検索した結果に基づく。）

政治家・安倍晋三の特徴

二〇一六年に出した『海を渡る「慰安婦」問題』（山口智美、テッサ・モーリス－スズキ、小山エミとの共著、岩波書店）という本の中で、安倍晋三さんと二〇〇〇年代の自民党総裁経験者、総裁選経験者が『正論』（産経新聞社）、『諸君！』（文藝春秋）といった右派月刊論壇誌に登場した回数を紹介しました。記事の対象としてではなくて、寄稿者またはインタビューというかたちで登場した回数です。期間は安倍さんが自民党総裁に復活した時点まで。すると福田康夫さん、麻生太郎さん、谷垣禎一さんといった比較対象と比べて、安倍さんの突出ぶりが明らかになりました。右派メディアとの関係において、それまでに例がない政治家だったということです。

補足として最近のデータも調べてみました。二〇一二年の一一月号から二〇二〇年一〇月号までの分を国会図書館のデータベースで調べたものです。すると二〇二〇年の総裁選に出馬した岸田文雄さんが総裁選の直前『正論』に一回登場しただけだったのに対し、安倍さんは『正論』に八回、『Ｈａｎａｄａ』（飛鳥新社）に三回、『ＷｉＬＬ』（ワック）に八回登場しています。実にコントラストが鮮やかですね。現首相の菅さんも『正論』に一回、『Ｈａｎａｄａ』に三回、『ＷｉＬＬ』に四回とそこそこですが、この期間ずっと安倍内閣で官房長官をやっていますので、それが出ている回数に反映していると言えます。最も古い登場が『ＷｉＬＬ』の二〇一六年八月号ですので。

このような対照はなぜ生じたのか。まず呼ぶ側の要因として、右派論壇の側が福田さんや岸田さんのような政治家には好意的な関心をもっていないということ。福田さんに至っては『諸君！』二〇〇七年十一月号に「福田康夫でいいのか」という緊急特集まで組まれています。他方、引き受ける側の要因もありそうです。私の見るところ、一般に総理総裁を目指すような政治家というのは、あまり政治的にはっきり色のついたメディアには出ないものです。右派論壇誌によく登場する政治家というと、やっぱり石原慎太郎さんとか、西村慎吾さんといったひとたちの名前がまず思い浮かぶと思うんですよね。これらは首相の〝目〟がまったくないひとたちです。首相というのは、仮にも日本全体の代表ですから、そういう立場を目指すひとは、『正論』とか『諸君！』といった雑誌に出るのは、控えて来たと思います。ところがそうした点でまったくためらいがないのが安倍さんという政治家だったわけです。一方で右派メディアが露骨に安倍さんを応援し、安倍さんもまたそうしたメディアの読者層に積極的にアピールすることで求心力を確保する、と。

そして、右派メディアとこのような関係をとり結んでいた安倍さんが首相に返り咲いたときに、右派論壇であるキャンペーンが始まります。それが「歴史戦」とか「歴史戦争」と呼ばれるキャンペーンです。

「歴史戦」という右派のキャンペーン

二〇一二年十二月二六日の第二次安倍政権の組閣を報じる『読売新聞』朝刊の一面に『正論』の広告が出ています。その広告でピックアップされた記事の二つ目に中西輝政さんの「現代歴史戦争のための安全保障」があります。これがその後大々的に展開される「歴史戦」「歴史戦争」キャンペーンのはしりになります。この論考を含む特集名が「強い日本へ──さらば「心の戦後レジーム」であることからも、第二次安倍政権の成立を睨んでたてられた企画であることがわかります。

ではその「歴史戦」、「歴史戦争」とはなんなのかというと、これは日本の侵略戦争や戦争犯罪、植民地支配の記憶をめぐる戦いなんですね。彼らは、中国や韓国が国際社会で日本を貶《おとし》めるキャンペーンをしている、日本はそれまでそうしたキャンペーンにきちんと反論してこなかったけれども、積極的に声をあげて、しっかり反論しなければならないと考え、そのための取り組みを「戦」と呼んでいるわけです。

具体的にターゲットになるのはまず日本軍「慰安婦」問題、日本軍「性奴隷」問題であり、ついで南京大虐殺となります。近年だと、それに徴用工問題が加わるわけですね。ミキ・デザキ監督の映画タイトルに用いられた「主戦場」という言葉も、もともとは右派の歴史戦キャンペーンの中から出てきたものです。二〇一〇年代に入って、アメリカの市民たちが、日本軍「慰安婦」のモニュメントを建立し始めた。そうしたことを受けて、歴史戦の主戦場はアメリカである、アメリカにおいて中国系や韓国系の市民が反日宣伝をしているのを止めねばならない、という認識が右派の間で共有されるようになっています。

例えば『産経新聞』が二〇一四年の四月から始めた連載、その名もズバリ「歴史戦」というのですが、その第六部が「『主戦場』米国」と題されています。第六部が始まったのは同年八月三〇日で『朝日新聞』が「慰安婦」問題に関する一部の記事を撤回したあとです。これによって右派はすでに日本国内での戦いには勝利したと考え、いっそう「主戦場」を意識するようになります。具体的な目標としては先にも触れた「慰安婦」モニュメントの建立阻止です。

大事なのは、第二次安倍政権になってから、こうした抗議活動に日本政府が積極的に加担するようになっているという点です。最初に右派政治家たちがニュージャージー州パリセイズパークのモニュメントに抗議しにいったときには、まだ民主党政権だったんですね。旧民主党の政治家たちも、こうした問題についてはあまり信頼できないケースがしばしばあるわけですけども、しかし安倍政権になってから、そういう右派の動きに政府が露骨に参加するようになった。民間での、草の根の動きに留まらず、官民あげての動きになっていくということですね。「あいちトリエンナーレ二〇一九」の「表現の不自由展・その後」に出展された「平和の碑」(「少女像」)が右派からの攻撃を受けていた時、自民党の松川るい議員はＳＮＳでこうツイートしました(二〇一九年八月三日)。「日本政府上げて慰安婦像撤去を世界中で取り組んでいる中で、これはないと思う。単純に。撤去は当然だし、そうなって本当に良かった。」議員になる前は外務官僚だった松川さんがこのように公言しているわけです。

ここで思い出して欲しいのですが、いわゆる河野談話(資料参照)には、「われわれは、歴史研究、歴史教育を通じて、このような問題を永く記憶にとどめ、同じ過ちを決して繰り返さないという固い決意を改めて表明する」という一節があります。「慰安婦」モニュメントに対する攻撃に日本政府が加担することは、河野談話の「固い決意」に反することではないでしょうか。河野談話の立場をいまも日本政府が維持しているのであれば、本来日本政府が積極的にモニュメントを設置するとか、あるいは海外でモニュメントができた際には、日本の大使館員が除幕式に参加して、祝辞を述べるぐらいのことをしてもいいはずではないのでしょうか。

（資料）
慰安婦関係調査結果発表に関する河野内閣官房長官談話
平成五年八月四日

いわゆる従軍慰安婦問題については、政府は、一昨年一二月より、調査を進めて来たが、今般その結果がまとまったので発表することとした。

今次調査の結果、長期に、かつ広範な地域にわたって慰安所が設置され、数多くの慰安婦が存在したことが認められた。慰安所は、当時の軍当局の要請により設営されたものであり、慰安所の設置、管理及び慰安婦の移送については、旧日本軍が直接あるいは間接にこれに関与した。慰安婦の募集については、軍の要請を受けた業者が主としてこれに当たったが、その場合も、甘言、強圧による等、本人たちの意思に反して集められた事例が数多くあり、更に、官憲等が直接これに加担したこともあったことが明らかになった。また、慰安所における生活は、強制的な状況の下での痛ましいものであった。

なお、戦地に移送された慰安婦の出身地については、日本を別とすれば、朝鮮半島が大きな比重を占めていたが、当時の朝鮮半島は我が国の統治下にあり、その募集、移送、管理等も、甘言、強圧による等、総じて本人たちの意思に反して行われた。

いずれにしても、本件は、当時の軍の関与の下に、多数の女性の名誉と尊厳を深く傷つけた問題である。政府は、この機会に、改めて、その出身地のいかんを問わず、いわゆる従軍慰安婦として数多の苦痛を経験され、心身にわたり癒しがたい傷を負われたすべての方々に対し心からお詫びと反省の気持ちを申し上げる。また、そのような気持ちを我が国としてどのように表すかということについては、有識者のご意見なども徴しつつ、今後とも真剣に検討すべきものと考える。

われわれはこのような歴史の真実を回避することなく、むしろこれを歴史の教訓として直視していきたい。われわれは、歴史研究、歴史教育を通じて、このような問題を永く記憶にとどめ、同じ過ちを決して繰り返さないという固い決意を改めて表明する。

なお、本問題については、本邦において訴訟が提起されており、また、国際的にも関心が寄せられており、政府としても、今後とも、民間の研究を含め、十分に関心を払って参りたい。

（外務省ホームページより）

根拠なく海外での慰安婦モニュメントの設立を阻止しようとする日本政府

ソウルの日本大使館近くに「平和の碑」(少女像)が設置されたときには、日本政府は「公館の安寧」を保護する接受国の義務を定めたウィーン条約違反だという理由で文句を言っていたわけですが、いまや、日本の公館とまったく関係のない、ありとあらゆるモニュメントにクレームをつけまくっているわけです。

さらには、二〇一五年の日韓「合意」も日本政府の行動の根拠にはなりません。一〇〇歩譲ってあの合意が日本政府と韓国政府を拘束するとしても、韓国市民がやることをあの合意が拘束するわけではありませんし、ましてアメリカ市民にはなんの関係もないことです。にもかかわらず、日本政府は、こうしたモニュメントが建つたびに、「我が国政府の立場と相容れない」という、なんの説明にもなっていない説明を繰り返してきました。

こうした態度は、実は、いま(イベント開催当時)起こっている、日本学術会議の任命拒否問題と構図が似ています。ひとつは、過去の日本政府の立場を完全にひっくり返しているにもかかわらず、必要な手続きをきちんと踏んでいないという点。もう河野談話は内閣として踏襲しないと閣議決定でもするのであれば、河野談話に反する振る舞いをするのもまあ、その限りでは筋が通るわけですけれども、国際社会では河野談話を便利に盾として使いつつその「固い決意」に反することを公然としている。

さらに、一体なにがどう「我が国政府の立場に相容れない」のかをろくに説明できていないにもかかわらず、この数年間、第二次安倍政権の間にマスメディアがこの点をきちんと追及した例を私はほとんど知りません。このモニュメントのどこが日本政府の立場と相容れないんですか、という質問がなされない。これも非常に憂うべきことであると思っています。実は海外で「慰安婦」モニュメントの建立が阻止された事例は結構あるんですね。つまり日本政府の圧力が成功した事例がかなりある。こうしたことも、日本ではあまり大きく報じられません。右派メディアの中で報じられるだけで一般のメディアはほとんどカバーしていませんので、調べてみると「こんなにあったのか」というふうに思われる方もいるんじゃないかと思います。

最近話題になった、杉田水脈議員の「女はいくらでも嘘をつける」発言（二〇二〇年九月二五日に開かれた自民党の会議において、性暴力被害者への支援事業に関連してなされたと報じられた発言）ですが、これの背景にも「慰安婦」問題があると言うことができます。

杉田さんはアダルトビデオへの出演強要問題についても被害者の証言を疑うような主張をしていましたが、そのコラム（ウェブ版「産経ニュース」の不定期連載「杉田水脈のなでしこリポート」二〇一六年七月二五日に掲載）のタイトルは「あの慰安婦追及ＮＧＯがＡＶ出演強要問題に触手…「ＡＶ女優＝現代の性奴隷」と国連で非難される日が来るかも」でした。「慰安婦」問題にせよ現代の性暴力被害にせよ、杉田議員にとっては〝濡れ衣で日本の名誉が貶められる〟問題なんですね。
このイベントのテーマは「おじさん政治」ですけれども、そうした「おじさん政治」に協力する女性、女性議員もいるということですね。

草の根で広がる「歴史戦」

こうした動きについて、草の根の広がりについてもご紹介しましょう。今年については新型コロナ感染症のせいであまり目立ったが動きありませんけども、二〇一三年以降、つまりこれもやっぱり第二次安倍政権の成立以降ですが、各地の右派市民団体が、「捏造従軍慰安婦問題を糺すパネル展」「従軍慰安婦の真実パネル展」などと謳って歴史修正主義的なパネル展を開催するという活動が行われてきました。

私がいくつか調査に行った事例のなかでも明石市で二〇一八、一九年に開催されたものは資金の豊富さをうかがわせるものでした。JR明石駅前の商業施設の中でやっていて、展示されたパネルをカラー印刷のブックレットにして無料配布していました。このパネル展をやっているグループ(「日本の歴史文化研究会」)は、フジ住宅の会長が設立した今井光郎文化道徳歴史教育研究会から助成金をもらっています。社内で差別的な文章を配布していたなどの理由で在日コリアンの従業員の方から民事訴訟を起こされていたあのフジ住宅です（二〇二〇年七月に会社と会長に一一〇万円の支払いを命じる一審判決）。このグループへの助成金がいくらかは公開されていませんが、二〇二〇年度には前期後期あわせてのべ約一二〇の団体に総額で約一億四千万円が支給されています。こうしたお金が草の根の「歴史戦」を支えているわけです。

右派の主張の核心・「日本政府の法的責任」の否定

さて、では「慰安婦」問題に関する右派の主張の核心というのはなんでしょうか。実は丁寧に調べてみると、右派の物言いというのも結構ひとによって違うんですね。「慰安婦は大金を得ていた」といったことを積極的に言う論者もいれば、そういうことは極力言わないようにしている論者、「慰安婦」たちがしばしば悲惨な体験をしたこと自体は認めるひとたちも実はいる。そうした幅をもつ彼らの主張の最大公約数をとるとどうなるかということですが、一番のポイントは、「日本政府の法的責任」の否定だということになります。法的責任が否定できるのであれば道義的責任は認めてもよいと考えるひとは、右派の中にもそれなりにいて、アジア女性基金に対しても右派は目立った反対はしてないんですよね。なにしろあれは法的責任を認めないという前提で行われた事業ですので。

たとえば「強制連行」はなかったとか、慰安婦は「挺身隊」ではなかったとか、こういった論点に異様にこだわる理由。それから、日本軍「慰安所」制度が「性奴隷制」であるということを頑なに否定する理由。こうしたことはすべて、法的責任を否定するという目的に収斂していきます。いろんなことを言ってるようだけども、最終的にはそれはすべて、法的責任を否定するという前提からやってくる主張ということになります。そうすると、「そんなに賠償するのが嫌なのか」と思うひとがいるかもしれないんですが、少なくとも「慰安婦」問題に関する限り、これはお金の問題ではないんですね。アジア女性基金と、二〇一五年の日韓「合意」に基づいて設立された和解・癒やし財団、日本政府はこれらに六〇億円以上のお金を出しています。だけど、アジア女性基金によって元「慰安婦」の方々に渡されたいわゆる「償い金」、民間の募金を原資にしたものですが、こちらは六億円ぐらいしか実は払われていないんです。だから、最初から公的に賠償しますといってアジア女性基金が渡した額と同じ額をもし個々の被害者に渡していたとしても――その場合受け取りを拒否せず受け取る被害者が増えていたでしょうから六億円よりも多く必要になったとは思いますが――六〇億円はかからなかったはずなんですね。現実には国家賠償を回避するために、余計にたくさんのお金を使うというかたちになっています。国家賠償は国の法的責任を認めることが前提だからです。じゃあなぜそこまでして法的な責任を否定したいのか。私の考えるところでは、法的責任を認めることで、日本軍の「慰安所」政策についての歴史的な、あるいは法的な評価が固まってしまう、これを避けたいんだろうと思います。

認める責任が道義的責任である限り、日本政府のやったこと、日本軍のやったことがなんだったのかということを曖昧にすることができます。しかしそれが法的責任だということになると、「慰安所」制度がどういう法に違反していたのかということを明らかにせざるを得ない、というわけです。

もう一つ考えたいのは、この間主要メディアや、さらには野党までもが、この問題に関して、日本政府に対する、安倍政権に対する毅然とした対抗姿勢を見せることができなかった理由です。各地の「慰安婦」モニュメントをめぐっても、また最近なら徴用工問題をめぐっても、『毎日新聞』や『朝日新聞』に日本政府の主張をそのままなぞったような記事が載ることがあります。

いいかれば右派の成功のカギはなんだったんだろうかということですが、その一つは、「慰安婦」問題に関する語りを、「日本対韓国」という図式に押し込めたことがあると思います。言い換えれば植民地主義の残滓であるところのレイシズムを利用したことが一つ。もう一つは、後半で掘り下げていきたいポイントの一つなのですが、いわゆる「受忍論」です。戦争でみんなひどい目にあったのだから仕方がないという、本来国家が戦後補償に対する責任を逃れるために使ってきた論理ですけども、それを市民の側が内面化してしまっているのではないか。

実際「慰安婦」問題なんかについても、元「慰安婦」被害者に同情を示すフリをしながら、だけど戦争だから仕方ないよね、みたいなことを言うひとはたくさんいるんですよね。別の事例を引き合いに出すなら戦災孤児の苦しみ。二〇一八年にＮＨＫスペシャルが「〝駅の子〟の闘い～語り始めた戦争孤児〜」を放送して以降、戦災孤児の戦後史をとりあげた記事をいくつか見かけるようになりました。日本軍「慰安婦」問題の場合よりもさらに長い間沈黙していたひとびとが口を開き始めたわけです。私たちは戦争が多くの孤児を生み出すことを知識として知っていますし、当時都市部に暮らしていたひとなら必ず戦災孤児の姿を見ていたはずです。しかしこの社会が戦災孤児に向ける関心はあまりにも薄かった。その背景にもわれらの内なる「受忍論」があるのではないか。

あるいは「動員される側」ではなく「動員する側」の論理の内面化というふうに言ってもいいかもしれません。本来戦争や植民地支配という体験を考えるときに、日本対韓国（朝鮮半島）、日本対中国のような図式以外にも、対立の軸はいくらでもあるはずなんですよね。

たとえば、日本人のマジョリティ、日本人男性というのは、一方では動員する側の末裔という側面も持っているわけですが、同時に動員される側の末裔でもあるわけですよね。徴用工問題にせよ「慰安婦」問題にせよ、それを動員する側の論理で考えるのか、動員される側の論理で考えるのかによって、問題の見え方は随分違ってくるはずです。それがなんとなくこう、みんな、動員する側のまなざしで物事を考えているのではないか。現代の労働問題なんかについても、自分自身が被雇用者なのに、なぜか経営者目線で語るひとをＳＮＳではよく見かけますが、それと非常に似たものを感じます。

今の日本社会を映す「慰安婦」問題

これと関連するのが、今の私たちの社会で一体自由というものがどう理解されているのか、という問題です。そもそも自由というものに大した価値が認められていないので、逆に不自由ということ、あるいは自由を制約する強制ということが、非常にこう狭く捉えられてしまうのではないかと。それを象徴する事例を示します。二〇一四年八月、朝日新聞バッシングが巻き起こった、まさにそのときの月刊『正論』（一〇月号）です。毎月「メディア裏通信簿」という鼎談形式のメディア時評が載ってるんですけども、ちょうどその当時話題になっていた「経済的徴兵制」についてのやりとりです。経済的徴兵制という言葉を、お金がない人たちが志願兵にならざるを得ないという意味だと解説したうえで、「笑える」と言うんですね。「それって要はただの就職でしょ」とも発言されている。そのうえで経済的徴兵制という発想は「強制連行していないけど、意に反して親に売られたり業者に欺されたりしたから広い意味で「強制」だといっている、どっかの新聞や談話と同じですよ」と言っています。

ここに現れているのは、人間が貧困のために選択肢を奪われるということを、大したことだと思わない態度です。さらにいえば、貧困のおかげで選択肢が狭まってしまっているひとを搾取することをよしとする、そういう態度だと。この限りで実は「慰安婦」問題というのは、もちろん、過去の戦争の克服すべき負の遺産であるわけですけれども、同時に今の日本社会を映す、そういう鏡にもなっていると思います。

聡子　能川さんから最後のほうに提起された問題の中で、受忍論も含めて、経済的徴兵制について、人間観の問題だと思ってしまうんです。お金のない人たち、言い換えれば貧困層に自己責任論がついて回るということだと思います。「貧困層は軍隊で働けばいい。そこで働くのは強制ではない、自ら行くのだから、そうなったのは自己責任である」というように。

そのような考えはどうして形成されたのかってことが大事だと思います。二〇〇〇年以降の小泉改革も含めた、日本の構造改革と呼ばれているものですね。すべてのものを、経済的なものを中心に、企業にとっての経済効率、それを主軸にしていくという社会になったと。この間のコロナ禍における政策でＧｏＴｏトラベルとか、ＧｏＴｏイートなどは、竹中平蔵、小泉純一郎、安倍晋三、菅義偉らの新自由主義、企業利益追求の政策の表れであると思うんです。

コロナ禍が収束していないにもかかわらず、旅行業界・飲食業界の苦境を何とかしようとＧｏＴｏイート、ＧｏＴｏトラベルを始めた。患者が増えたり、死者が増加したりすることよりも大企業／政界に有利な業種を大事にする。経済を救うために多少の犠牲は構わない。さらにあのＧｏＴｏトラベル、ＧｏＴｏイートを批判しなかった大手メディアも私はすごく問題だと考えます。このことから新自由主義について、ちょっと話をお伺いします。

能川　基本的に「雇う／雇われる」の関係で言えば、雇われる人間のほうが弱い立場だというのは自明なわけですよね。だからこそ一九世紀以降様々な労働法制というのができて、労働者を守るための仕組みというのが作られていった。それが一九世紀から二〇世紀にかけての歴史なわけですよね。よく安倍政権について、戦前回帰志向みたいな言い方をされてきましたけども、ある意味で新自由主義というのはもっとスケールがでかくて、労働者を搾取し放題だった一九世紀に戻ろうという、そういう超反動政策だと思うんですよね。それこそ戦前回帰どころじゃないと。そして雇う側にとっては、人間が自分を不自由だと思わないほうが都合がいいわけですよ。実際には自由が奪われていても、自分が自由を奪われてることに気がつかない方が。「まだ足に鎖がついてないから私は自由だ」という具合に。「慰安婦」問題などについてＳＮＳでネット右翼とやり取りしてると、〝借金に縛られて自由じゃないっていうんだったら、会社員だって一緒じゃないか〟とか、〝住宅ローン借りて家建てたら奴隷なのか〟といった主張をよく聴かされます。就業中の労働者は自由に外を出歩けないけどじゃあ奴隷なのか、とかね。彼らは「為にする議論」として言っているのではなくて、たぶん本気で言っていると思うんですよね。実際問題として、いま弱い立場で雇用されているひとは、多くの自由を奪われてるわけですよ。ところがそこで「自分たちは自由を奪われてる」と考えるのではなくて、「この程度ではまだ自由だ」というふうに考えてしまうと、日本軍性奴隷制度が性奴隷制度であったということもわからなくなってしまうし、外国人実習制度の問題なんかについても、そんなに真剣に考えずに済ませてしまうと、そういうことなんじゃないかなというふうに思いますね。

聡子 今の話実は、吉見裁判で、私が事務局をやっていたときに、「慰安婦」問題は性奴隷制であるっていう話のときに、サラリーマンも「奴隷」なんじゃないか。という右派の意見を思い浮かべました。

（資料）吉見裁判

中央大学名誉教授の吉見義明さんが日本維新の会（当時）の桜内文城衆議院議員（当時）を名誉毀損で訴えた裁判。この訴訟の発端は、二〇一三年五月に橋下徹前大阪市長が「慰安婦制度が必要なことはだれでもわかる」と発言した。国内外からの批判を浴びた橋下前市長は同月、日本外国特派員協会で弁明のために会見しました。その際に、同席していた桜内氏が司会者の発言に関して、「ヒストリーブックスということで吉見さんという方の本を引用されておりましたけれども、これはすでに捏造であるということが、いろんな証拠によって明らかにされております」（以下、桜内発言）と発言した。この桜内氏の捏造発言に対して、吉見さんが名誉棄損で訴えたが、地裁・二審の高裁とも名誉毀損は成立していないとして訴えを退けた。

失望の革新・リベラル

聡子　主に八〇年代以降、日本を含め、世界の新自由主義が、社会崩壊を招いた。もちろん、もっと前から起こっていましたが。しかしそれを指導した人を奉《たてまつ》る人もいる。声をあげて新自由主義に反対している人もいるのに。その声がおおきなムーブメントにならないことに、驚愕したんですね。

もう一つ、耳の痛い話というか、じゃあ革新派リベラルはどうだったかっていうと、安倍政権、第二次安倍政権の前に、日本は民主党という政党が一応政権はとってるんですけどいろいろな点で全然進歩がなかった。そこでの問題点みたいなこと、「慰安婦」問題も含めてお聞かせください。

能川　もともと旧民主党というのは、私の世代だとよく記憶している民社党、よく〝自民党より右〟と言われた民社党系の議員が何人もいて、そういう意味でイデオロギー的によく言えば幅がある、悪く言えば信用しきれない政党というところはあったわけです。一つ象徴的なのは、さきほど触れた二〇一五年の日韓「合意」の原型というのは、実は、野田政権時代にその下準備がなされていた、ということです。最終的に実を結ばなかったけれども。つまり民主党政権が考える、少なくとも野田政権が考える「慰安婦」問題の解決というのは、安倍政権にそれと似たり寄ったりだったわけです。

もう一つ怒りを覚えたのが、朝鮮学校のいわゆる「高校無償化」からの排除がやはり民主党政権下で、しかもその民主党政権の三人の首相の中では、一番左派的なバックグラウンドを持っていた菅直人首相の時代に行われているという点なんですね。これはもう本当に失望したと言わざるを得ない。「敵」を作って、「敵」に対する恐怖でもって人を動員する、そういう政治手法にもっとも利用された事案の一つが朝鮮半島における緊張問題なわけですけども、それに抗うのではなくて乗っかってしまった、と。そうした政治手法に誰も正面から抗わなくなってしまったという点で非常に問題だったと思います。

聡子 どこの政党を支持するかはそれぞれみなさん自由な政治信条だと思うんですけども、投票したい候補者がいないという声をよく聞くんですね。立候補と投票などの選挙システムや、政治システムが悪いんじゃないかとか、さまざまいろんな議論があると思うんです。端的に能川さん、まともな政治家というか、こちらが入れたいと思う政治家がなぜ登場しないと考えますか？

能川 なぜでなんでしょうね。選挙システムの話というのはまったく専門外なので、はっきりしたことは言えないのですが、この数年、いわゆる日本の「右傾化」に関する研究が、それなりに脚光を浴びています。その中で政治学系の研究者のひとたちが共通して言ってるのは、日本の有権者よりも政治家のほうが右傾化しているという話なんですね。逆にいうと政治家が右傾化しているほどには、有権者は右傾化していないと。最近だと、今発売中の、岩波書店から出ている月刊誌の『世界』（二〇二〇年一月号）に、やっぱりそうしたミスマッチを示唆する論考が載っています（橋本健二「誰が安倍政権を支えてきたのか――「新自由主義右翼」の正体」）。もしそうした分析が正しいのであれば、有権者と政治家のマッチングさえうまくいけば、もう少しいわゆる左派系の政党が勢力を持てていいはずなんですよね。それがなぜうまくいかないのか。

私がとりあえず思いつくこととしては、やっぱりいま政治の中でひとびとを動員する言葉遣いを、右派が非常にうまく簒奪しちゃっているということです。たとえば労働規制を緩めて、労働市場の流動性を高めてどうこうという話は、さっきも言ったように、資本家が労働者を絞りとり放題の一九世紀に戻そうって話なんですよね。ところがそれに「改革」というフレーズを与えた。要するに反動を全部改革と言い換えるというのが、中曽根政権以降の一つの政治路線だと思うんですよね。もちろんそれと並行して行われた労働組合の弱体化、これなんかもその社会構造的なところでいうと、非常に大きく効いていると思います。運動の母体が潰されたわけですから。それとももう一つは、なんていうかな、政治を考えるときに、消費者の目線で考えるということを刷り込まれてしまったのではないか、と。

私たちの多くは、消費者であると同時に労働者でもあるわけです。一九六〇年代、七〇年代以降の消費者運動っていうのは、企業に対して市民の権利を守る運動だったはずなんだけども、それがいつの間にか自分の労働者性を忘れて、労働者を叩くことに繋がるような政治的選択をするための手段にされてしまってるような気がするんですよね。公務員バッシングだってそうですよ。われわれは公的サービスというサービスの消費者であって、消費者との目線から、公務員の働き方にクレームをつけているんだ、と。

聡子　まさにその消費者意識の話でいくと、今回菅政権が最初に声をあげたのが携帯電話と不妊治療補助なんですね。とても消費者が喜ぶような政治をしてるなと思ったんですね。

さらにはじめて行った外遊先がベトナム、インドネシアです。私はもう大東亜共栄圏だなと。これらの国は、アジア諸国の中で、日本に対して、「あまり文句言わないだろう」と設定されてるんですよね。ベトナムなんか今、中国との関係もありますし、韓国との関係もあって、ベトナム自体内政もすごく混乱状態なので、今そこに日本が入り込もうとしているし、インドネシアもしかりですね。札束で頬を叩くというか。

いまだに残る植民地主義

能川　先日、(二〇二〇年)一〇月一七日にNHKEテレのETV特集で「調査ドキュメント～外国人技能実習制度を追う～」という番組が放送されました。非常に印象的だったのが、ヴェトナムにある実習生の送り出し機関に日本の受け入れ機関の人間がやってくる場面です。イベント参加者のみなさんにはその画面を撮影したものをご覧いただいています。レッド・カーペットが敷かれてその両側に日章旗とヴェトナムの国旗を持ちアオザイを着た女性たちがずらりと並び、深々とお辞儀をするんです。占領軍を歓迎する「現地住民」のようなポーズですよ。この場面にいろんなものが込められていると思うんですよね。一つはもちろん植民地主義です。

もう一つは性差別。実習生には男性もいるのにアオザイを着てお辞儀をさせられているのはみんな女性です。さらに言うともうひとつ、女性も分断されてるんですよね。送り出し機関に所属すると思しき女性はスーツを着ているのに対して、実習生候補と思しき女性たちはアオザイを着ている。これは階級による分断ですよね。このように植民地主義、セクシズムに階級差別と、てんこもりです。しかもこれが特殊事例ではないようなのです。

二〇一九年、昨年（二〇一九年）の、「NNNドキュメント」という、日本テレビ系列で放送されている深夜のドキュメンタリー番組が「ニッポンで働く　外国人労〝共生〟の覚悟は…」と題して外国人実習生を取り上げたことがあったのですが、そこでもやっぱり、ヴェトナム側の送り出し機関がレッド・カーペットの両脇に並んだ女性たちに最敬礼させて日本からの訪問者を迎えさせている場面がありました。アオザイ姿でこそなかったですけど。これに関しては私たちだって無実じゃないわけですよね。そうやって生産されたもの食べたり使ったりしてるわけですから。

聡子　その写真が象徴的。衝撃だったのはやっぱり旗を持って、日の丸とベトナムの旗を持ち、大東亜共栄圏であると。安倍政権自体がずっとそれを推し進めてきたんですが、菅政権がですね、モ口出しにしている。最初の外遊先で。さらにですね私この外遊のときに、なんと夫人が、すごく慎ましやかで。

能川　安倍さんのときとは違った、って報じられていましたね。

聡子　菅政権は「女の気持ち」を巧みに利用していると思います。例えば不妊治療の補助などが典型的な例だと思います。構造の問題を意識の問題にすり替えているっていう、とてもそれが感じるなという風に、能川さんと話していたんですが、そのへんもちょっともしよかったら、家族の国家の介入とかも研究されているので、ちょっとそのへんも宜しくお願いします。

家族・家庭への国家の介入

能川　もちろん不妊治療というのはニーズがあるわけで、不妊治療に対する支援というのは、全体としての政策の中で然るべき正しい位置に置かれているのであれば、それはやって当然というか、ニーズのある政策ですから、悪いことではないわけです。問題はそれが全体としての少子化政策とか、あるいはそのリプロダクティブ・ライツに関する政策とか、あるいは家族政策とかの中でどう位置づけられているかということですよね。

まず指摘したいのは、これがリプロダクティブ・ヘルスや、リプロダクティブ・ライツを真面目に考えた結果じゃないということ。これは緊急避妊薬の認可が未だに難航していることと照らし合わせると明らかだと思うんですよね。本当に子どもが欲しいカップルの権利の問題として考えてるのか、そうではなくてあくまで産ませる手段だから金を出そうというだけではないのか、ということですよね。そうした疑念を抱く理由は他にもあります。たとえばいま学校現場で、「ライフプラン教育」などと称して、若い女性に対し「歳をとってから妊娠するのは大変ですよ」「若いうちに産むのがよいですよ」ということを刷り込もうとする動きがあります。ところがじゃあ、若いときに女性が子どもを産んだとして、その後女性がキャリア形成のうえで背負う不利益をどうカバーするのか、ということについての政策的な手当がほとんどないですよね。

女性の管理役、管理職の割合を増やすという数値目標も、安倍政権末期に放棄してしまいました。ライフプラン教育に乗せられて、若くして子どもを産んだはいいけども、キャリアの面では同期入社の男性社員に置いてけぼりにされて、あとその人生どうするんですか？という話ですよね。かように社会の構造自体として、若い女性が子どもを産みにくい、産めないという状況があるのに、そこをすっ飛ばしてして、とにかく若くして子供を産む意識を植えつけようというのがいまの日本の少子化対策の基本線で、その中で不妊治療という話が出てきている、というのが問題ですよね。

聡子　能川さんの研究仲間の斉藤正美さんの研究ですごく勉強になったのが婚活事業についてです。

講演会も何度かご一緒させて頂いて…。みなさん婚活事業ちゃんと知ったほうがいいですよ。婚活事業っていうのは、新自由主義的な視点というか、拝金主義のビジネスマンたちの、飯のタネになってるってことです。事業として作られるんだけれども、結婚できるにはこうですよとか、恋愛相談プランナーみたいなことをする。地方では、出会いがなく本当に悩んでる人達が大勢います。本当にどうやって出会えるのかと真面目に悩む若者に対して、婚活事業をするビジネスマンが地方に行ってすごく悪事を働いている。よかったら斉藤正美さんの本（『国家がなぜ家族に干渉するのか』「経済政策と連動する官製婚活」青弓社）に詳しく書いてあります。だから結局成婚率って本当に低い。

それに大学も、講座として女子大とか、地方大学が、婚活、ないしは女性のライフプラン教育とか、女性のキャリアとか、女性活躍とかという名で、そういう人を講師に雇っていると聞いています。地方の大学で働いてる友人なんかも、市役所、県庁から、こういう人どう？と言われるそうなんですね。友人も、ジェンダーが専門なんですが、県庁の人はジェンダーが婚活だと思ってるらしくて。

能川　たとえば右派的な家族イデオロギーの弊害として、下部構造じゃなくて上部構造、社会構造じゃなくて意識の問題として扱おうとする、というのがあります。また、家庭に関わることは無償であるべきだという意識が非常に強いわけですよね。そうするとたとえば子どもを育てている世帯に手厚く給付しましょうみたいな話を非常に嫌がるわけですよ。

最近になってさすがにちょっと違う流れも右派のなかに出てきましたけど、つい先日まで、金なんか出したって無駄だっていうふうなことを盛んに言ってたんですよね。そうすると、「実際に子どもを育てている世帯に手厚い給付を」ではなくて、結局関連業界をかませて、官製婚活などの事業でっちあげて……みたいなのが、支配層の間ではみんながうまく納得できる仕組みになっちゃうということですよね。


聡子　その構造って、小泉改革のときに「官から民へ」という、さも私たちにとってとても良いような言葉を使ってやってきたと思うんですね。税金によって公共サービスや公共的なものを国民が受けて、社会的には、弱者である人たちに対しては、経済的な強者がより納税して弱者に対するサービスを負担するというのが、少なくとも近代国家のあり方だったんだけれども、小泉改革の「官から民へ」で私が見てきたその世界は、要するに官から民へ行ったものが民の中で、大企業の民が全部それを吸収して、それをまた官に流してというのを見ました。

私は本当に、シンクタンクに行きたいなと思ってた時期があったんですけど。まあ学者は嫌だから、政策書きたいなと思ったんですが、もうあの姿を見たときに、ちょっとこれは、厳しいなと、構造がすごくいびつだなと思ってたんですね。

今回のこのコロナ禍でも人々が苦しんでいるときに、ＧｏＴｏや持続化給付金などさまざまな事業で、先程能川さんが言及された中抜き構造が露呈していると思います。

LGBT

聡子 話は変わって、少子化の話でちょっと話したいなと思うのが、足立区の区議のLGBTの差別発言「同性愛が法律に守られているという話になれば区は滅ぶ」についてです。

能川 まずあの発言そのものは、以前の杉田水脈さんの「生産性」発言とも軌を一にしているし、それから私が二〇一八年に共著で出した『右派はなぜ家族に介入したがるのか』(中里見博ほか、大月書店)、『まぼろしの「日本的家族」』(早川タダノリ編著、青弓社)でとりあげた右派論壇の認識、八木秀次さんとか、一般にはあまり知られていないなところでは小坂実さんとか、そういう右派イデオローグたちが言っていることと基本的には一緒で、だからそういう意味では本当に、右派の共通認識なんだろうと思います。しかもそのとき問題になるのは、実際に日本の法律というのは性的マイノリティに対しては非常に差別的で、ちょっと語弊のある言い方をすると、セクシャルマイノリティが、「普通の家庭」を持ちたいという、マジョリティと同じように家庭を持ちたいという、そういう希望に対しては極めて冷淡なわけですよね。

同性婚だってしかりですし、それからトランスジェンダーのひとの性別変更だって今だと性別適合手術が必須条件になっていてハードルが高い。二〇一三年に最高裁の決定が下るまでは、トランス男性に対しては嫡出推定が適用されていませんでした。そういう様々な差別的な制度が残っていたし、今も残っている。特別養子縁組制度も法律婚夫婦しか利用できませんから、現状では同性カップルがこの制度を用いて子どもを育てることもできない。そういうかたちでＬＧＢＴのひとたちをいわゆる「家族」、子どもを含む家庭から排除しておいて、それでいて彼らは子どもを産めない、育てられないから非生産的だと言っているわけですよね。完全なマッチポンプじゃないですか。自分たちが生み出した差別によって「家族」から遠ざけておいて、あいつらはあるべき家庭を持とうとしないと言っているのですから。

法的制度がどう変わろうが、同性愛者が異性愛者になるわけもないし、トランスジェンダーのひとがシスになるわけでもないのに。どうも彼らって、性的指向とかジェンダー・アイデンティティなんか、自分で自在になんとでもできると思ってるんじゃないかって気がしますよね。[注1] だから性的マイノリティに差別的な制度を残しておけば、やがて「普通の人間」に戻るなどと思っているのではないか。つまり差別を残しておくことで、自分たちにとって望ましい社会を実現しようとしているのではないか……。

注1　二〇二一年には八木秀次、高橋史朗が「ＬＧＢＴ理解増進法案」に反対する根拠として、同性愛は「先天的なもの」ではない、「治療」可能であるという主張を展開した。

聡子　差別を残す、うん、そうですね。
能川　職場で女性が不利な扱いを受け続ければ女は家庭に戻るだろう、とかね。
聡子　そこはあの、とても重大なことかもしれない、差別をなくすのが、私たちは差別をなくすようにしたらどうしたらいいかと考えている、私たちにとって差別を残すことによって、社会をコントロール、社会を作っていこうとする側がこれだけ政治の中心にいて、さらに多くの人々がそれに今惹かれていく。さっきの分析によると、そこまで市民は右傾化してないんじゃないかって言いつつも、実際の政治ではあれだけはびこっているっていうのはやっぱり私たちがどうしたらいいかなっていうのはすごく課題だなと思っていますね。
能川　強く支持してはいなくても、緩やかに許容してしまっているいう感じですよね、右傾化を。

「おじさん」化する女性政治家

聡子　安倍政権が女性活躍を推進したとは思っていないのですが、多くの人は女性活躍推進法だとか、さまざまなことをしてきたので、安倍政権はどうやら女性活躍の政権だって思ってる人もいると思うんです。安倍政権がですね、はっきり言ってやったことの一つの大きな成果とすれば、より女性の分断を招き、さらに持てる者はより持ち、持たない者はより持たないというのをはっきり区分けしたことです。

ある女性（参議院議員）がすごく象徴的です。彼女はですね、大阪の超有名私立高校を出て、東大に行き、外務省に入り、そして着々と出世の階段をあがって政治家になった人です。彼女がすごく特徴的なのが、韓国語がベラベラです。英語と韓国語どっちが上手？っていうと、韓国語のほうが上手かもしれないっていうぐらい韓国通なんですね。彼女はなにをして上がってきたかっていうと、まさに右傾化の政治にまあ、申し子という風に言えると思うんですが、今能川さんがさっき言ってたような、ポイントポイントで日本が揺れ動いてる場所ですよね、歴史戦とか歴史問題とか。それから、アジアの問題とかに。うまく政権についていき、彼女は出世してきました。私と彼女の出会いはですね、向こうは知らないと思うんですけど、二〇一五年に、国連の女性の地位委員会に私が参加することになって、そのときに外務省は、市民を入れての会議を、日本学術会議の六本木の会場でやりました。

そのときにです、彼女はどういう地位にいたかというと、外務省の女性推進室室長、初代室長で出てきました。会議では、私の肌感覚ですけれども、八割は右翼でした。

女性の地位委員会に行くというのに、右翼が来てたんですね。なにを言いたいかっていうと、基本的には「慰安婦」問題を止めるために、「慰安婦」は売春婦だったとか、日本の女性は美しいとか、そういう右翼が、みなさん考える右翼、いわゆる街宣右翼じゃなくて、普通の市民、公務員や工務店の経営者ですとか、私はなんとかの地域でフラワーアレンジメントやってます、みたいなことを言いながら、すごかったんです。そのときに市民の方どうぞって手をあげたときに、彼女は右翼を全員さしていって、私たち何派というかわかりませんが、「慰安婦」問題が国際問題であり、それは人権の問題だといっている人たちが手をあげてもなかなか指さなかったんです。

その光景たるや、惨憺たる姿で、私は衝撃だったんですね。外務省の女性推進室室長である彼女はすごくうまく、「これは国際問題ですので、やっぱり国連で話さなくちゃいけないですけど」って言いながら、右派に言わせてたんです。そのあと私の仲間たちは駆け寄っていって、右派ばかりに発言させて、あれおかしいでしょと、あんなことといけないでしょって言ったときに、私はちょっと横で聞いてて、私新参者だったんでちょこちょこって聞いてたら、その室長は何て言ったかというと、事務局は中立じゃなきゃいけないから、いろんな人の意見を聞かなくちゃいけないんですよ、Aさん（私の仲間）の意見も大事ですけど、先程の工務店の方の、ああいう市民の声も聞かなくちゃいけないんですよ、って言いながらずっと右派に発言させていました。

その年の二〇一五年の三月に何が起きたかっていうと、ニューヨークで行われたＣＳＷで、なんと右派が大挙して押しかけてきて、そして、なんとニューヨークの街角で右派がプラカードで、「慰安婦は売春婦だった」「慰安婦問題は捏造だ」というのをやりました。

女性がどうやって、ああいう風な政治家になっていくかっていうところに、杉田水脈さんもそうですし、稲田朋美さんも含めいろんな人たちが出てきた中で、やっぱり私たちにとって、とても大きな課題を突きつけられたと思うんですね。
そのへんをフェミニズムが止められないというか、フェミニスト政治家が出てこれないと。ちょっと前は少しいたかもしれないんですけど、そのへんはすごく課題だなあと思っています。

能川　「男女共同参画」というのは、「男女平等」という用語を使えなくて、代わりに考えられた用語なんですけど、それすら今度は「女性活躍」にすり替えられたという…。

聡子　それももう、菅政権ではほとんど無視というか、少子化対策もない。ジェンダーというよりは、まさにおっさん化しない人たちを作っていくかという、おっさん化しない人を政治家にするかが課題かなと思っています。
もう一つ、今の話ちょっと流れで、クォータ制とかポジティブアクションとか、アファーマティブアクションなどの日本の遅れている現状についてお聞きたいのですが。

能川　先ほども話題になった、マイノリティが差別的な制度の中で生き残るためにマジョリティに媚びなきゃいけない、という問題を乗り越えるのに有効なのがクォータ制度なわけですよね。ところが、これが形式的な正論でもって貶められてしまいがちです。本来「人物」が大事なのであって、年齢とか性別とか関係ありませんよね？　って言われたら、まあそれはね、誰か一人を選ぶという時に、「女性だから」という一点だけを根拠にして、他の条件は一切無視して選べるかといったら、それは選べないわけですよ。しかし国会議員のように何百人もメンバーがいる、そういう集団を選ぶというときに、ジェンダーといった属性とかを無視して、マイノリティが選ばれることを保証しなくていいのかと。現時点では女性候補者の比率というのは努力目標でしかなくて、そうすると自民党なんかほんとうに悲惨な数字でしたよね。ここのところでやっぱり踏み越えない限り、「おじさん」たちが「おじさん」を後釜に選び続ける構造が再生産されてしまうでしょう。

聡子　本当に。

能川　しかも、これは悪い意味で言うわけじゃないけど、やっぱり政治家になろうという人は、与党になりたいわけですよ。まあ私たちとは違って、政治家になろうってひとですから、与党議員になりたいという気概を持ってもらわないと困ります。それから野党議員と与党議員ではできることがぜんぜん違いますから、与党議員になりたいというのはわかるんです。でも現状自民党が与党で、クォータ制がない。すると仮にもともとは左派的な問題意識も持っていた人——たとえば猪口邦子さんがその例かもしれません——であっても、与党議員として生き残っていこうとすると、結局自民党のイデオロギーに妥協して、最初は妥協ですよね、そのうち積極的に協力するようになるとか、そういうことにどうしてもなってしまう、と。

このようにマイノリティのサバイバル戦略が差別的な構造を再生産してしまうのを止めるには、やはりクォータ制度をはじめとするアファーマティブ・アクションというのは、絶対に必要だと思うんですけども、日本では大したことが実現したわけでもないのに、それこそ弱者利権みたいに言い立てられて、バックラッシュ[注2]の対象になってきたというのが実情です。そこのところをきちんと、広く理解してもらうというのが非常に大事ですよね。

聡子 そのバックラッシュの話で、テレビに出てた有名な女性タレントが、「菅政権、なんかおじいさんで大臣とかも女性少ないですけど、どう思いますか?」って聞かれたら、「いや私はそういうの聞かれるのすごく嫌なんですと。私女だからって別に女の味方なんかなくて、誰でも政治家だったら、よくやってくれる人だったらいいです」っていう言い方するんです。これ一見すると正しいように聞こえるわけじゃないですか。

そうだな、その人の言ってること正しいなって思っちゃうんだけど、実はバックラッシャーで、私は女だからって、女のことを聞かれるすごく嫌ですという言い方をはっきりしてました。そのときに、なんかこう、また韓国のことをよく思い出した、韓国でそんなこと言ったら、もうその次からたぶんテレビ出れないと思うんですね。

有名タレントがそういうバックラッシュ的なことを言ってるのが、すごく衝撃だし、こういう言葉を若者が聞けば、やっぱりそうなのかな、性別は関係ないのかなと感じるだろうな、と思いました。

注2　ジェンダー平等を求める運動などに対する反動・揺り戻し行為

能川 例えば一票の格差。選挙区間の格差がないようにということで、裁判にもなるし、自民党などは地方の議席を守るためにわざわざ特例をつくる改憲案を出す程に関心を集めるイシューです。女性はいくら投票しても女性候補が少なければ女性の政治家を送り出せないわけですよね、現状。そういう〝性差による一票の格差〟はどうしてくれるんだと、いう気もする。

ネット社会を考える

能川 僕はこの数年、先ほどお名前が出てた斉藤正美さんなどの影響もあって、右派の集会などにも可能な範囲で参加してきたんですけれども、運動の高齢化に悩んでるのは向こうも一緒なんですよね。たとえば二月一一日、彼らの言い方だと「紀元節」の集会、真冬ですよね？　集会が終わったあとパレードをするのが新型コロナ以前は通例だったんですが、「医療スタッフついていなくて大丈夫ですか？」と心配したくなるくらい高齢者の比率が高い。

もう一つは右派論壇誌。主要な月刊誌だけで今は三つあるわけですけども、みなさんね、表紙だけ見てもらって――表紙を見るだけでも大変ストレスになりますけども――誰が寄稿しているか数ヶ月分チェックしてみてください。まあ代わり映えしないんですよ、執筆陣が。よくも飽きもせずに同じひとの文章ばっかり載せるし読むなと思うぐらい変わり映えしない。そういう意味では向こうものすごい人材不足なわけですよね。とうてい月刊誌を三つ回せるほどの人材は実はいない、と。そういう意味では、向こうはやすやすと運動に成功していて、こっちは苦労している……という側面だけかというと、決してそうではない。

たとえば今日のイベントがまさにそうですけども、新型コロナ感染症の蔓延ということで、市民運動なども否応なくオンラインでの活動に対応する、というか対応を強いられてるわけですよね。こうした状況をプラスのほうに持っていくことはできないか。インターネットのメリットのひとつとして、普通であれば目につきにくいささやかな抵抗や抗議みたいなものが可視化されやすくなる。別に有名人でもないネットユーザーがぽそっとつぶやいたことが、バズったりする。あの「保育園落ちた日本死ね！！」なんてまさにそうですよね。そうそう常にうまくハマるとは限らないけれども、そういう可能性というのがひとつあって、こうしたものをどれだけきちんとすくいあげていけるかというのがひとつポイントになりうるというふうに思います。

聡子　能川さん、ツイッター戦を戦っているとお聞きしてですね、その本を読んでいると能川さんが喋っているみたいな感じで、能川さんに会えてる感じがするんですけど、能川さん一体いつぐらいからこのＳＮＳ対抗、抵抗戦？をしていて、なぜそんなことするんですか？っていうのをちょっと聞きたいなと思って。

能川　最初はSNSじゃなくてそれ以前のブログ時代ですよね。二〇〇〇年代半ばですから、ブログが流行ったころ。小泉政権時代に人権擁護法案への反対運動がネットで盛り上がったころに、ヘイトスピーチや歴史修正主義的な主張が、いわゆる〝普通の〟ひとびとによって発信されているのに気づいたのがきっかけです。

聡子　すごい。

能川　最初はなんとか説得しようと思っていたんですよ。本当のことを教えて、教えてあげると言うとちょっと嫌らしいけども、伝えてあげれば考えを改めてくれるだろう、と。たとえば日本は「在日」に牛耳られているなんてことを言う人に対して、いや、在日コリアンって一体何人いると思ってるんですか？　たったこれだけですよ、と。ところがこれが全然わかってもらえない。そのとき受けた衝撃というのが、そのあとの研究の原動力になっています。ひとはなぜこんな奇怪な信念に憑りつかれてしまうのか、そうした主張がなぜある種の人々にとって魅力的なのかっていうのを明らかにしたいというのがあります。

もう一つ実践的な目的の方は「説得」から徐々に変わっていって、「ネットを彼らにとって心地よい場所にしてはいけない」という意識で続けるようになったんですよね。こういうとなんか「お前ネットで嫌がらせしてんのか？」って思われるかもしれないけれども、要するに、うかつに差別的なこと発言すると噛みついてくる人間がいるんだぞ、うかつに南京事件を否定するようなことをすると噛みついてくる人間がいるんだぞと、インターネットを少しでもそういう場所に近づけたい。実際、二〇〇〇年代半ば以降、ブログでそうした活動をしてるうちに、最初のうちは右派の歴史修正主義的な発言のほうがずっと勢いがあるわけですけど、徐々にそうしたものに「ノー」と言うユーザーがある程度増えてくると、そこで横のつながりができて、ネット右翼に対して「それは違う」と言えるひとも実は増えてきたと思っているんですよ。ある程度の数のユーザーに横の繋がりができると、いわゆる〝荒らし〟に潰されにくくなりますから。非常に気軽に差別的な発言したり、歴史修正主義的な発言をしたりするのがためらわれる環境をネットにつくりたい、と。そんなことを考えています。

叩かれる若者たち

聡子　学生を見てるとですね、安倍政権・菅政権を含め、やっぱり日本やばいと。自分たちは安全に生きているし、他の国よりは良いと思ってたけど、どうやらなんか、心地が悪いなとか、そして今回のコロナでですね、相当学生が怒ってるんです。なぜかというと、常に僕たちを私たちを敵にしてると。要するに、「若者が、若者が」と言ったのが安倍政権・菅政権。敵を作って叩くっていう方式の政治をやってきたので、コロナでも同様に悪者をつくりそこを叩く。

能川　「夜の街が」とかね。

聡子　そう。なんですよ。若者が、実は常に叩かれて、今も叩かれてますよね、ずーっと。若者が悪いと、それは一体どういうことかなって。基本的に、人口的に有権者は少ない……。

能川　少ないですからね。

聡子　少ないからってこともある、若者の中には今の政権を不潔だと思ってる人も少なからずいるんです。でもやっぱりそこで終わっちゃって、おそらく、じゃあ不潔を変えようとか、この不正義を変えようというのは、なかなかそこに踏み込めない。いつの時代も若者は社会を不潔だと思って戦うので、そういう意味では期待しています。その中でSNSはすごい重要だと思うし、どうにかしてそこを活用しなければと思って、本当にね、叫んでるんだけど、叫びがなかなかこううまくいかない。でも今はチャンスかもしれないかなと思っています。

能川　私もこの間、トランスライツ勉強会のオンラインイベント（二〇二〇年一〇月九日開催の「トランス差別とWEBプラットフォーム」）にゲストで出させてもらって、やっぱり自分たちがやってきたウェブイベントとは違った企画のたて方みたいなものを感じて、これは新しいなと思いました。

聡子　能川さんもすごく楽しかったと、打ち合わせでも言ってましたけども、やっぱそういう動きをどんどんどんどん作って、フェミゼミなんかは、ふぇみ・ゼミ／ゆるふぇみカフェのような場を

どんどん提供していって、自分たちでどんどんそれで運動作ったり、好きなことを自分たちででき
るような社会になっていくっていうことからしかないと。

新しい芽は出てくる

能川　言ってみれば私たちは学習性無気力症みたいなものであって、たとえば私はもう半世紀以上生きてますけども、自分が「どちらかと言えば支持できる」くらいのことは言えるような政権の下で暮らした経験って、ほんのわずかしかないわけですよね。いわゆる勝った経験がほとんどないと。自分たちが望む方向に社会はなかなか変わらないと。

たとえば男女の賃金格差なんかひとつとっても、一向に縮まらないとかね。「たかが」夫婦別姓、実現のために運動している方々に悪気があって言うわけじゃなくてあえて言うんですけど、たかが夫婦別姓ごときですら何年経っても実現しないわけですよ。そういう中で、果たしていまここでなにかやることに意味があるのか？　というふうな思いを持ってるひとは少なくないと思うんですよね。どうしても絶望的な気分になってしまう。一生懸命活動しているひとの中にも、「果たしてこれは実を結ぶんだろうか」と悩んでいるひとはまあいるんじゃないかと思うんですよね。だけど、歴史を振り返ってみたら、必死になってとりくんだ運動が自分の死後にようやく実を結んだみたいな

ひとって、実は山ほどいるわけじゃないですか。

たとえば女性参政権ひとつとっても、ほとんどの国ではわずかこの一〇〇年の間ですよね、実現したのって。だけどその前には、参政権獲得運動の長い歴史があって、そうした運動に参加したひとの多くは、自分が生きてるうちにそれが実現するのを待たずに亡くなった。それは奴隷解放だって同じだし、いろんな運動でそういうことが起こっているわけです。そこで、自分が死んだ後に「それ、実現しました」って言われたって嬉しくないよっていうのは、たしかにありますよね。個人の権利の問題として考えるならやっぱり、いま困ってる人が生きてる間に改善しないと、そのひとは救済されないわけですから。だからといって、個人の寿命というタイムスケールの範囲で問題が解決できないなら運動することに意味はないのかというと、やはり歴史は「そうじゃない」というふうに私たちに教えているわけです。だから運動に取り組むときに、いま困っている人を助けられるタイムスケールでものを考える目と、歴史的に見ればいずれ私たちが勝つという、そういうタイムスケールでものごとを見る目と、両方持っておきたいなということを最近よく考えるんですよね。

聡子 日本軍の「慰安婦」問題、「慰安婦」制度についての大東亜省と陸軍省の文章を、ひょんなことからずっと書き起こししてるんですね。書き起こすのはそんなに難しいはずじゃないんですけど、当時の官僚の文章ですから。内容はですね、今の政権や、あと今の日本社会を形作っている言説と同じなんです。たとえば、マル秘、とかって言いながら、こにゃこにゃ陸軍にお伺い立てればこうだけど、海軍がこうだからああだから、だけど実は最後はとか、大東亜省としてはこうだこうだとか、タイはいいけどベトナムはどうのこうのとかって、その書き方自体が、要するによきにはからえを全部書くという。今もこれと同じ状況。だから日本は本質的なところは戦前と大きく違わないんだと。

私たちの歴史は四五年の終戦で変わったと、GHQの政策などで変わったっていうけど、実は根底の志向性とかっていうのが変わっていない。世界の流れで六〇年代七〇年代で少し、まあ改善を見せたかもしれないけれど、やっぱり土台が変わってない、天皇制や戸籍制度、植民地支配の問題、日本の戦争責任の問題も、なんにも解決されてないって、戦前の公文書読みながら思っているんです。

一人でなんかぶつぶつ、候文《そうろう》をずっと読んでて、もうなかもう、わけわかんなくなってたんですが、私たちは今まさに、歴史っていうのは別に歴史の過去のことだけでなく、現在を見る視点、さらに、今どうするか、歴史だけ見ていて過去こうだったねと、じゃあ今どうですか？ということで終わらないという両方の視点、まさに能川さんが最後言った、「いずれ私たちが勝つ」という視点を私たちが持ち、この「おじさん政治」を変える、変えられるかな？とか思いながら、変えなきゃいけないと考えています。

暗いときもあれば明るいときもあると思うので、そこをどう考えていくか、是非、種はたぶん撒かれていると思うので、あとはどういう風に実っていくかだと思いますので、是非そのへんをみんなでやっていきたいと思っています。まあ、今日はちょっと最後は絶対明るい話にしようねと思ってたんです。たぶんみなさんも消化不良になってしまうので、少なくとも、能川さんのように考えてるおっさんもいるということをわかっていただき、「おじさん」というのは、性別や、年や、年齢や、そういう属性ではなくて、考え方や、その生き方かもしれないので、「おじさん」の生き方をみんなで変えていく、そう考えればいいかなと思っています。

能川　そうですね。いろんなところで出てきている芽を見逃さないように。で、大切に育てる。そのようにしていきたいですね。

※この対談はオンライン配信、聡子の部屋・第10回「日本を取り戻す、おじさんたちから」（二〇二〇年一〇月三〇日）をもとに加筆修正をおこなったものです。

年代	「慰安婦」モニュメントに向けられた「歴史戦」・略年表
二〇一〇年一〇月	アメリカ、ニュージャージー州パリセイズパークに「慰安婦」碑設置
二〇一一年三月	「なでしこアクション」結成、活動開始（代表：山本優美子）
二〇一一年一二月	ソウル日本大使館前に「平和の碑（少女像）」設置
二〇一二年四月	岡本明子「米国の邦人子弟がイジメ被害韓国の慰安婦反日宣伝が蔓延する構図」（『正論』二〇一二年五月号）
二〇一二年五月	パリセイズパークに対して、在ニューヨーク日本総領事館、碑の撤去を要求。日本から訪問した古屋圭司、山谷えり子ら自民党議員四人、市長、市議らと面会し碑の撤去を要求。
二〇一二年一一月	"Yes, We Remember the Facts"広告、ニュージャージー地元紙に掲載。安倍晋三らが賛同
二〇一三年七月	アメリカ、カリフォルニア州グレンデール市に少女像設置 「慰安婦」の真実国民運動」結成（代表：加瀬英明）

年代	「慰安婦」モニュメントに向けられた「歴史戦」・略年表
二〇一四年二月	「歴史の真実を求める世界連合会」（GAHT、代表：目良浩一）、少女像の撤去を求めてグレンデール市を提訴 在外日本大使館、領事館が「歴史問題を背景とした、いやがらせ」についての情報募集を開始
二〇一四年三月	自民党、「国際情報検討委員会」（委員長：原田義昭）発足
二〇一四年八月	アメリカ・ミシガン州サウスフィールド市の私有地に少女像設置
二〇一四年九月	菅官房長官、クマラスワミ報告書について「遺憾」と発言 自民国際情報検討委員会、「性的虐待も否定された」などとする決議
二〇一四年一二月	外務省がマグロウヒル社の歴史教科書執筆者に「慰安婦」問題の記述変更を要求

年代	「慰安婦」モニュメントに向けられた「歴史戦」・略年表
二〇一五年二月	朝日グレンデール訴訟（日本会議系、二〇一八年二月に原告敗訴が確定） 朝日新聞「慰安婦報道」に対する独立検証委員会（会長：中西輝政）報告書 菅義偉官房長官、GAHTの訴訟について「慰安婦像などの設置は、わが国政府立場やこれまでの取り組みと全く相いれないもの」「原告の関係者を含む在留邦人とは、わが国の総領事館幹部を通じて緊密に連携を取っている」と記者会見で発言
二〇一五年三月	トニー・マラノ、高橋史朗、山本優美子らが参加した「テキサス・ナイト in NYC」開催 「一九人の日本人歴史家有志」によるマグロウヒル社への訂正勧告
二〇一五年八月	この頃から海外の研究者に右派が英文文献を送付する動きが活発に オーストラリア・ストラトフィールド市議会、少女像設置を認めない決定（その後二〇一六年八月にシドニーで少女像設置）
二〇一五年九月	米サンフランシスコ市議会、「慰安婦」メモリアルの設置決議。（二〇一七年九月に「慰安婦」像設置、除幕式）

年代	「慰安婦」モニュメントに向けられた「歴史戦」・略年表
二〇一五年一一月	カナダのトロント市にカナダ初の少女像が設置。
二〇一六年二月	杉山晋輔外務審議官（当時）、国連女子差別撤廃委員会の政府報告審査で「強制連行」「性奴隷」否認発言、朝日の「誤報」に責任転嫁
二〇一六年九月	韓国水原市、ドイツ・フライブルク市での少女像設置を断念。姉妹都市である愛媛県松山市の反対が理由（その後二〇一七年三月に、バイエルン州の民間団体所有地に設置）
二〇一六年一〇月	高橋、西岡力ら『歴史認識問題研究会』発足。顧問に櫻井よしこらユネスコ「世界の記憶」に南京大虐殺関連文書が登録されたことをうけ、日本政府が分担金の支払いを留保（一二月に支払い） 東京都新宿区の「アクティブ・ミュージアム女たちの戦争と平和資料館（wam）」に「展示物を撤去しないと爆破する」という脅迫はがきが届く
二〇一七年一月	長嶺安政駐韓大使、釜山市での少女像設置に対抗して一時帰国（四月に帰任）

年代	「慰安婦」モニュメントに向けられた「歴史戦」・略年表
二〇一七年六月	米ジョージア州ブルックヘイヴン市で少女像建設、除幕式。在アトランタ総領事、地元メディア取材に対し、慰安婦は売春婦という意味合いの発言をし、問題に
二〇一七年九月	韓国政府の追悼碑設置計画に菅官房長官が「日韓合意の精神に反する」と発言、また「日本軍『慰安婦』の声」のユネスコ「世界の記憶」登録申請について、登録は「ユネスコの本来の趣旨に合わない」「主張すべきは主張して行動」と発言。 サンフランシスコ市の「慰安婦」像に関連し吉村洋文大阪市長が姉妹都市提携解消を示唆（二〇一八年一〇月に解消）
二〇一七年一〇月	米ニューヨーク市の博物館に少女像設置。在ニューヨーク日本総領事館が除幕式に干渉

年代	「慰安婦」モニュメントに向けられた「歴史戦」・略年表
二〇一七年一一月	国連人権委員会の対日審査で、日本軍「慰安婦」問題に関し勧告。自民党「日本の名誉と信頼を回復させるための特命委員会」、対外発信の強化について意見交換
二〇一八年三月	米ジョージア州ブルックヘイヴン市で桜祭り開催。在アトランタ日本総領事館、少女像にカバーをかけて隠すことを要求。市側に要求を拒否され、篠塚総領事はイベント欠席
二〇一八年四月	フィリピン・マニラ市に二〇一七年一二月に設置された「慰安婦」像が撤去される
二〇一八年六月	在ニューヨーク日本総領事館、「ひまわりJAPAN」に「歴史問題に起因する嫌がらせ、いじめ相談窓口」委託
二〇一八年八月	ドイツ・ボン市の女性博物館における「少女像」の展示計画が日本政府の抗議により阻止される

年代	「慰安婦」モニュメントに向けられた「歴史戦」・略年表
二〇一八年九月	「慰安婦の真実国民運動」の藤井実彦が台南市の「慰安婦」像を足蹴りにしたとして台湾で抗議運動
二〇一八年一二月	『産経新聞』、「反日」的研究への科研費支出を攻撃する記事を掲載。執筆は当時官邸キャップの田北真樹子記者（現『正論』編集長）
二〇一九年一月	フィリピンのルソン島ラグナ州サンペドロ市に設置された「慰安婦」像が撤去
二〇一八年二月	杉田水脈衆議院議員、「慰安婦」を扱った科研費研究を「ねつ造」と批判。（二〇一九年二月牟田和恵阪大教授らが杉田を提訴）
二〇一九年六月	ドイツ・ドルムント市 LWL 産業博物館での「少女像」展示に対して、日本領事館員が抗議

年代	「慰安婦」モニュメントに向けられた「歴史戦」・略年表
二〇一九年八月	国際芸術祭「あいちトリエンナーレ」の「表現の不自由展・その後」で「平和の少女像」が展示されたが、河村たかし名古屋市長が撤去要請、菅義偉官房長官は補助金の交付差し止めの可能性に言及。右派からの抗議や脅迫が殺到し、実行委員会（実行委員長：大村秀章愛知県知事）が中止の決定
二〇二〇年一〇月	ドイツ・ベルリン市ミッテ区に設置（九月二八日）された「少女像」について、日本政府のはたらきかけを受け区が設置許可を撤回（九日）。しかし市民団体が区の決定の効力停止を裁判所に申し立てたことなどを受け、区は「当面」設置を認めることを表明。

作成：山口智美・斉藤正美・能川元一

出典：「慰安婦」問題をめぐる報道を再検証する会

日本ではなぜレイシズムが理解されないのか

梁英聖（リャンヨンソン）
一橋大学大学院言語社会研究科特別研究員。レイシズムと闘うＮＧＯ「反レイシズム情報センター（Anti Racism Information Center　通称ＡＲＩＣ）」代表。

レイシズムの危険性

聡子 「日本には人種差別がない」ということがよく言われます。「アメリカには人種差別はあるけど日本にはないのではないか」「在日コリアンに対するヘイトスピーチはあるけど、人種差別はない」と。差別をどこか遠くの問題のように感じている人が多いのではないでしょうか。今日はなぜ日本社会においてレイシズムが理解されないのか、さらにそれに対する対策や対応が世界で、日本でどのように進んでいるのか、『レイシズムとは何か』(ちくま新書、二〇二〇年)を上梓された、梁英聖さんにお話いただきたいと思っています。

レイシズムの危険性

『レイシズムとは何か』という大それたタイトルで本を書いたのですが、それにはいくつか理由があります。まずは二〇一〇年代に頻発するようになった街頭でのヘイトスピーチやヘイトクライム。それから政治家によるツイッターやフェイスブック、雑誌などにおける差別扇動。これらがいかに日本社会や国際社会を破壊しているのかを見えるようにするためには、レイシズムという概念で分析するほかないと私は思っています。

そもそも「レイシズム」とは、単なる人種や民族による差別だけではありません。フランスの思想家ミシェル・フーコーは、近代のレイシズムは近代的な生権力と、国家の殺す権力が交わるところで機能すると述べています。この議論を受けて、この本では、「死ぬべき人間」と「生きるべき人間」を分けて、実際に殺すという権力としてレイシズムを定義しました。近代のジェノサイドは、ホロコーストのように六〇〇万人ともいわれるユダヤ人をヨーロッパ中からかき集めて殺すというようなことまでやります。人々の生を取り込んで社会防衛や歪んだ正義を導入しながら、「社会の敵」を殺戮していく危険なものだということです。

反レイシズムとの対抗関係

テーマは三つあります。一つはレイシズムが暴力現象に結びつくメカニズム、差別扇動です。二つ目がレイシズムとナショナリズムの接合関係。日本で「日本人」と言ったとき、たいていは無意識に「日系日本人」を指すことになってしまっています。「日本人」というのは人種的な日本人であり、人種と国民がいかに癒着しているか。これを切り離すのが反レイシズムの課題です。

そして今日の話に一番かかわる三つ目が、反レイシズムとの対抗関係からレイシズムを見ることです。近代社会においてはレイシズムが増大するけれども、それへの反対運動である反レイシズムも同時に巻き起こります。レイシズムだけではなくそれと闘う反差別との対抗関係のなかで考えなければ、差別現象は理解できない。ここが私の本の大切なポイントです。欧米では、人種で差別することは許されないという社会規範が打ち立てられており、それは草の根の反レイシズム運動に支えられています。具体的には、ヨーロッパの反ファシズム闘争（反ナチ闘争）、アメリカ合衆国の公民権運動、世界中で起きた反植民地闘争です。これらによって戦後世界では狭義のレイシズム、つまり人種を使った不平等は許さないという規範が形成されます。

そうするとどうなるか。欧米では差別するときに露骨に人種を使うことが困難になるので、別の方法を開発します。たとえば文化や、ナショナリズム、あるいは市場原理を使って人種差別するなどです。アパルトヘイトが人種差別の象徴と見なされますが、反レイシズム運動によってその制度はなくしたとしても人種差別は残るということが起きるのです。ここで重要なのは、レイシズムを定義するときにこのような反差別との対抗関係という変数を入れないかぎり、レイシズムをうまくつかむことができなくなるということです。つまりイデオロギーや制度、主体を用いてレイシズムを定義しようとした途端、反レイシズムの力によって相手の戦術が変わったときに、レイシズムをつかむことができないのです。

では日本の場合はというと、もちろん在日朝鮮人運動などの重要な反差別運動はありましたが、決定的な差別禁止法が勝ち取られなかった。差別をする自由をレイシストから奪えない、中途半端な状態になってしまっているのではないか。反レイシズムのない日本と反レイシズムによって人種を使わずに差別する欧米とでは、レイシズムをめぐる問題は共通点とともに全く違う特殊性があるのではないか。それを訴えたかったのですね。レイシズムとは何かというテーマを真正面から論じるような話は、反レイシズムがない日本では議論しようがないのです。そこをあえてやるのがこの本です。

その一方で世界の反レイシズム運動は、いまも急速にアップデートされています。アメリカを中心に広がったブラック・ライブズ・マター（Black Lives Matter・黒人の命を軽くみるな（ピーター・バラカン訳）、通称ＢＬＭ）運動では、資本主義との絡み合いからレイシズムを捉え直し、そもそも近代とはなにかというところから問うています。学問的にその必要性は以前から指摘されてきたのですが、実践的な広がりを見せたのがアメリカで爆発したＢＬＭ運動です。

社会を変えなければ 生きることはできない

正直に言いますと、BLMに私はかなりの衝撃を受けました。容赦なく黒人を殺害するアメリカの警察のレイシズム暴力に反対するだけでなく、BLMにはそれが黒人奴隷制から現在の監獄ビジネスに至るまでの国家暴力と資本主義の絡み合ったレイシズムのシステム（「死ぬべき人間」と「生きるべき人間」を分けて、実際に殺すという権力）であるという批判があります。しかもBLMはトランプ大統領以前にオバマ政権下でそれを批判する、アメリカの黒人の、とくに若い活動家とりわけ女性やセクシュアルマイノリティが主導的な役割を果たしている画期的な運動です。

しかし何より私が衝撃を受けたのはSNSの動画でみられた、その闘争スタイルと日本の反差別とのギャップでした。たとえば現場で起きた略奪の原因をBLMに対して帰せる論難に対して、タミカ・マロリーさんというウィメンズマーチの共同創設者として有名な黒人女性の活動家が演説で徹底反論する動画です。「略奪はいけないだろ」という論法に対して、「実際に略奪しているのは極右の反動家や本当に一部の人だ」という「正論」ではなく、彼女は「略奪はあんたたちから学んだ」と猛然と言い返す。わずか数分の演説ながら、全身の怒りを込めて、激しくレイシズムを糾弾すると同時に恐ろしく知的で論理的で誠実で、それが観る者を圧倒する。かつてのマルコムXやアンジェラ・デイヴィスを彷彿とさせる、というよりそのようなラディカルな黒人の解放闘争の伝統や文化が、今の若い活動家に連綿と受け継がれ、なおかつアップデートされていることが垣間見えてしまい、わたしは圧倒されました。

要するによくある「略奪はだめだ」という黒人に向けられる論法は「はい」と答えようと「いいえ」と言おうと、BLM側にネガティブなイメージを与える罠です。レイシズムのシステムではなく運動のやり方の側へと問題をすり替えてしまい、「やはりマイノリティも犯罪してはだめだ」みたいなマイノリティを内面から従属させて抵抗できなくさせる、差別の権力を作動させるトラップなのです。その恐ろしさを骨の髄で知っているからこそ、断じてその罠にはまらないために、それをむしろ利用して、徹底的に闘うマイノリティと社会変革を肯定し、「略奪」を教えたのは黒人奴隷制から現在の監獄ビジネスに至る白人アメリカのレイシズムのシステムだという真理を、満身の差別への憤りや社会変革への誠実さを込めて、訴える。

つまり私が受けた衝撃とは、社会運動の厚みと歴史と蓄積が、日本とはレベルが圧倒的に違うことでした。特にどれほど活動家が努力をして優れた次世代を再生産してきたのか。詳しく話す時間はありませんが、日本社会の反差別運動は何をやっているのか?と思わずにはいられませんでした。そして私たち在日朝鮮人も頑張っているかもしれないが、まったく貧弱にしか闘えていないのではないか?とも。

それでBLM運動とパンデミックのなかで、私はこの本のプランを大きく変更することを余儀なくされました。ヘイトスピーチ規制法や対策条例もいいけれど、もっと根本的に、社会変革のために闘わなければ、私たちは生きることもできない。それは、よりよく生きることができないというレベルではない。本当に殺されてしまう。これを訴えなければいけないと思って書きました。

しかし日本がBLM運動と連帯するというのはレベルが違いすぎて難しいかもしれません。でも、やるしかありません。資本主義は世界でひとつながりですから。経済思想家の斎藤幸平さんは、著書『人新世の「資本論」』（集英社新書、二〇二〇年）のなかで、資本主義をやめなければ人類は気候危機さえ解決できないことを主張しています。社会変革を日本でどう考えたらいいのかということを私たちは突きつけられているのです。

資本主義から近代のレイシズムが生まれる

では、資本主義とレイシズムの関係について改めて確認したいと思います。ここではフーコーの議論を参照します。資本主義のもとでは、必ず賃労働者を創出せざるをえません。そうすると権力の性質が大きく変化します。前近代社会の権力は、暴力で脅して従わせることがメインでした。しかし近代の市場経済のもとでは、国家権力に命令されるのではなく、自分から資本に従属して働く労働者が必要です。これは国家暴力によって賃労働規律を叩き込むなどが必要となりますが、他方では労働者の側も共同体を破壊されてしまえば自分から賃労働しないと死んでしまうという圧倒的な弱みを握られ、むしろ賃労働は自発的に行うほかなくなってしまいます。前近代の君主の殺す権力に対して、近代ではそういう生のあり方を取り込んでいくような権力、「生権力」が浸透してきます。ところが、生権力が増大すればするほど、一見それと矛盾するようにみえる「殺す権力」である国家はなくなるどころかむしろ強まっています。近代の権力は、この逆説をどう解決するのか。

フーコーは、ここでレイシズムを回答として出してきます。つまり生権力が、国家権力と共存できるのは、死んでいい人間とそうではない人間を分ける技術があるからで、それがレイシズムです。

欧米では、第二次世界大戦をはじめ、レイシズムが徹底的に社会を破壊することを経験しています。そのため、権力の激発を抑えるように反レイシズム闘争が開始されます。車でたとえれば、差別のアクセルに対して、反差別のブレーキを踏むような対抗関係ですね。特に圧倒的な影響力を持つ国家や極右政治家による差別煽動を止めるために差別禁止法が制定されます。欧米では、差別禁止法を制定する段階はだいたい半世紀前に済んでいて、さらにそれをアップデートするという、日本よりも二周先をいっているわけです。日本は二周遅れなのです。しかし日本の知識人の多くは日本があたかも欧米と一緒の段階にいるかのように、「差別規制と表現の自由のバランスを考えないといけない」などと言っていますが、そもそも差別禁止法の制定すら成し遂げていないということを重く受け止めるべきです。

「日本型反差別」の問題性

聡子 欧米と自分たちも一緒に走っているように見えているという問題は、私たちがちょうど百田尚樹講演会の問題に取り組んだ時に大きく直面したことでした。講演会が問題視され始めた頃、大学の知識人たちは何をしたのか。衝撃だったのが、大学教員は、積極的か消極的かは別として、多くが当局側にまわったということです。そのまわり方が巧妙だったのですね。たとえば、「安全性」とか「学生の主体性」とかのロジックを使い、まさに反レイシズムとして闘わなかった。英聖さんからみてどうでしたか。

梁 立場を整理すると、私はＡＲＩＣとして活動して、当初は中止を前面に掲げてはいませんでした。というのは、中止を掲げても、「日本型リベラル」の教員のみなさんが乗ってこないと思ったのです。もちろん、一橋大学は、ゲイ男性の学生をアウティング（暴露）事件[注1]で学生を自死に追い込んでしまった大学です。

セクシャルマイノリティに対する差別をずっとやっている人間を呼ぶなど絶対に許せないです。しかし日本型リベラルは「中止させたら当局もＡＲＩＣの集会を中止する、みたいなロジックをもって対立するのではないか。だから一計を案じて、まずは差別が起きないようにルールを作って守りましょう」と。キャンパスのなかに極右が侵入して、ヘイトクライムの現場になったらどうするのかと。この作戦は見事に当たり、一橋大学内外で広範な支持を集めただけでなく、差別には禁止ルールで闘うという新しい戦術を世に問うことができたのです。

さて、このような「日本型反差別」が実は私の本の批判テーマです。これを「加害者の差別する自由を守る限りでしか、被害者の人権を守ろうとしない」と私は定式化をしています。私も尊敬する人はたくさんいるので残念だけど、リベラルは加害者の差別する自由を否定しきれない。

みなさん、「反差別」とは①と②のどちらのことだと思いますか。

① 反差別とは当事者の権利を守ること。当事者に寄り添うのが反差別。

② 反差別とは加害者の差別を止めること。差別行為を禁止するのが反差別。

注1　ゲイであることを、友人にLINEグループでアウティング（暴露）された一橋大学大学院の学生が、キャンパス内の建物から飛び降り自殺した事件。

欧米では両方とも正義に含まれているのですが、日本だと、①にはみんな賛成すると思うのですが、②に賛成する人は少ないのではないかと思います。②に踏み込むのは越権行為で、国家の介入を招くとか、逆にファシズムだ、みたいに批判されます。

聡子　百田尚樹講演会事件（資料参照）の際にまさに出てきたのが「百田と討論したらいいじゃないか」という意見です。つまり、差別する自由も許す。もし仮に百田と誰かの論争を見たときに、誰かが傷つくかもしれないことを想像しないのだろうか。これまで「人種差別と闘う」と言ってきた人たちが一様にそのような反応で衝撃を受けました。①を装いながら、もはや①ですらないのです。いまのヘイトスピーチも含めて、差別を差別として正面から見ない世界ができているなというふうに感じたところです。

梁　もっと根が深いのは、加害者を止めることをせずに当事者に寄り添おうとする思想です。私の言葉でいえば「日本型の功利主義」です。正義としてのルールをつくると「神の見えざる手」を侵害するからやめておこう、できることはせいぜい加害者が自らの利害関心に従って差別をやめる、いわば自粛するように期待することぐらいであるという考え方です。人間をホモ・エコノミクスとしてしか考えられず、差別禁止は自由の侵害なのでご法度で、むしろ加害者が差別しないインセンティブをあたえようとする新自由主義的発想が、実は日本のリベラルの心に巣食っていて、相対化できないほど心身に癒着しているのではないでしょうか。

（資料）百田尚樹講演会事件

百田尚樹氏は「沖縄の二つの新聞社は絶対つぶさなあかん」と言論弾圧発言をし、大学生の集団強姦（ごうかん）事件の犯人像をめぐって「在日外国人たちではないかという気がする」などの民族差別を繰り返してきた。一橋大学の学園祭（二〇一七年ＫＯＤＡＩＲＡ祭）において百田氏の講演会を開催する計画があり、この講演会に対する抗議の声が上がった。

「反レイシズム情報センター」（ＡＲＩＣ）は「百田氏は差別を扇動してきた。講演会を開けば、大学が差別を容認することになる」とし、大学祭での差別を禁止するガイドラインづくりや講演の中止を実行委に求めた。多くの賛同署名も集まったが、一方では「（百田氏の）発言の場を奪うことは表現の自由という民主主義の根幹を揺るがす」と開催を容認する声も出た。その後実行委は六月二日に講演会を中止した。百田尚樹氏はＡＲＩＣが「一橋の学生にヤクザまがいの恫喝をした」というデマを流し、一橋大の外国人留学生やマイノリティへの差別煽動を拡げた。同様に前年度に早稲田大学で桜井誠（在日特権を許さない市民の会・元会長）の講演会が中止になった事件があった。

一橋大学での講演会中止があった後に香山リカ（精神科医）が予定していた豊洲での「子ども食堂の必要性を訴える」講演会が脅迫の電話やメールによって中止された。これは香山リカ氏が差別・排外主義を批判していたためである。

「パヨク側はこちら側の講演会をレイシスト講演会だと叫び叩き潰しています。だったら同じことをされても文句はないですよね?」「香山リカが予定していた豊洲での講演会が中止になったそうです。講演会が開催されることが判明してから各所からの猛抗議が寄せられていたようです。これまで桜井誠の早稲田大学講演会、百田尚樹氏の一橋大学講演会などを全く同じ手法で潰してきたパヨク側は当然批判は出来ませんよね?因果は巡る」

などと、桜井氏はツイートしている。一橋大学百田講演会などの抗議活動に対する明らかな報復であり、差別扇動の動きや民族差別批判に対する脅しは「あいちトリエンナーレ『表現の不自由展・その後』」事件など今も続いている。(編集部)

「日本型反差別」の根深さ

なぜこういうことが分からなくなるのか。問題は差別ではなく、むしろ平等のほうにあるのです。反差別と言ったときに、差別が不平等である以上、「平等」とは何かという定義によって実は反差別の内容は変わりますよね。あえて図式化しますが三つの平等があるというふうに考えてみてほしい。すなわち、「社会の平等」「市場の平等」「国家の平等」です。日本で最も強いのは市場の平等ですね。つまり、市場での平等こそが正義の基準で、市場原理を介さずに富を得ることはすべてズル、不正、特権だというイデオロギーです。それから国家の平等は、国民／非国民の差別を前提としている。言い換えるなら国民／非国民の差別を前提とする「入管法の下の平等」といってもいい。

さて、これらに対抗しうる平等を「社会の平等」と言っておきましょう。「差別はいけない」「差別に反対しよう」と言ったときの平等ですね。しかし、もしも「社会の平等」のなかに、知らぬ間に「市場の平等」や「国家の平等」が入り込んでいるとしたら？　まさにこの平等が、近代の資本主義社会では一方では市場に、他方では国家に引っ張られて、引き裂かれているわけです。だから平等を実現するには平等の中身を市場と国家に簒奪されないようにする必要がある。対抗策は、市場と国家に抗することです。つまりユニオンで労働市場を規制し国家に福祉政策を行わせて脱商品化を勝ち取るなどの階級闘争によって、市民社会のなかで市場を規制し国家と闘えるようなシティズンシップを事実上埋め込んでいけば、社会の平等を「人間的なもの」にしていくことは可能です。タミカ・マロリーさんなどのように、レイシズムに対して道徳的に怒ることが私たちには困難である理由の根底には、まさに日本社会の平等規範が資本主義に相当深く簒奪されているということがあるのです。日本のリベラルの言論では、実は市場の平等を批判しようと思ったときには国家が出てくるし、国家を批判しようと思ったときには市場が出てくる。

民主的で自治的な社会を再生産するためには、差別によって社会を破壊する自由を否定すること、アソシエーション的な連帯のなかで自治的に規制していくということが重要です。

日本だとBLM運動は反トランプ運動だと思われているのですが違います。黒人奴隷解放運動、人種隔離撤廃、公民権運動の歴史のうえにオバマ政権が誕生したというところまでアメリカの運動は進んだのですが、それでもレイシズムはなくならず、警察の暴力もなくならないのはどうしてなのか。それは、エスタブリッシュメントによる運動は、レイシズムは批判するけれども資本主義には反対できない、というところにあります。この矛盾を現場の若手の活動家が意識的に問うたのがBLM運動なのです。日本でも「デファンド・ザ・ポリス」というスローガンが紹介されますが、これは単に警察をなくせという話ではなく、警察に投資されているお金を引き上げて福祉に回せという主張です。反資本主義を抜きにレイシズムとは闘えないということを現場の活動家たちが実践しているのです。

ところが日本は、福祉国家もつくれなかったし、そもそも加害者の自由を奪い取るということが、反差別だけではなくあらゆるところでできないということです。それこそ労働法だって守られないわけです。八時間以上労働させたら違法だし、一分でも残業代を払わなければ窃盗と変わらないのに、闘わない人が多い。

ですから、日本型反差別は実は新自由主義と徹底的に親和的なのです。つまり、市場の平等のもとでは、差別禁止によって、出来ることはせいぜい被害者に寄り添うことと加害者に差別を止めるインセンティブを働かせることぐらいです。リベラルな大学教員もこれについては気づいてもいない。日本ではあまりにも反差別が弱すぎて、社会正義をつくれないまますずるずると新自由主義にのっとられ、左翼の反差別が加害者を規制するところまでいけていないし、日本型反差別が新自由主義にどんどん乗っ取られていることに全く気付かない。

インターセクショナリティ

聡子 インターセクショナリティの話をしたいと思います。当然ながら、セクシズムとレイシズムは共犯関係、というよりは一対となって登場します。だけど、レイシズムを語る人はセクシズムを語れず、セクシズムを語る人はレイシズムを語れないという状況は、どこの現場で起きているということです。こちらについてはいかがでしょうか。

梁 インターセクショナリティは「交差性」と翻訳されますが、要するに反レイシズムの道と、反セクシズムの道が交わった時にどうなるのかということです。互いに絡み合っているときに、反レイシズムがセクシズムの問題を見えなくする、逆もまた然りになる状況をどうするのか。

この概念を提唱した黒人女性弁護士のキンバリー・クレンショーさんの論文でわかりやすい例が

挙げられています。黒人男性の有名なラッパー・グループ「ツー・ライヴ・クルー」の歌詞を紹介しているのですが、その内容がおぞましい暴力やレイプなど黒人男性のセクシズムが含まれています。そこでキンバリー・クレンショーさんは、ツー・ライヴ・クルーがわいせつ罪で訴えられたときに、次のようなことを言います。「黒人のブラザーたちと連帯して、今回のレイシズム抗議に対抗すべきか。それとも私のような女性に向けられた暴力的なイメージのおぞましい爆発に対抗すべきか。「二つに引き裂かれる」そうした反応こそ、黒人女性が人種的従属化と性的従属化の交差点に位置していることの帰結であった」[注2]と。

だから、インターセクショナリティとは、日本で紹介されるときに、民族差別と性差別によって被害が倍になるというような紹介をされますが、そのような話だけではない。むしろ構造的に、黒人女性は反レイシズム運動と反セクシズム運動のなかで引き裂かれていていく。在日朝鮮人女性も当然そうでしょう。在日朝鮮人運動について一言いうならば、近代的な家父長制を無反省に「民族文化」としてきたことや、歴史的にその内部で起きてきた深刻なセクシズムが、どれほど朝鮮人女性やセクシュアルマイノリティの活動家や一般同胞を傷つけてコミュニティから疎外してきたかが明らかにならなければならないでしょう。ホモソーシャルな運動文化が朝鮮人男性の活動家や同胞

注2　梁英聖『レイシズムとは何か』ちくま新書、一七四頁より重引。この論文を収めた論集『傷つける言葉』が西亮太監訳で明石書店から刊行予定（執筆時）

の生をも酷く歪めてきたこともふくめて、セクシズムと闘えなかったことが日本のレイシズムに負けてきたこととどのようにつながっているかが総括されねばならないと思います。

聡子　「複合」どころの騒ぎではない。引き裂かれていくということに日本でセクシズムと闘う側もまだまだわからないのですね。やはりＢＬＭ運動の黒人女性たちのように加害者を追及する言葉を持つ努力が私たちには必要だと思います。

「被害者に寄り添う」ことの困難

梁　関連して指摘しておきたいのは、加害者を止めるということをできていない以上、もはや「被害者に寄り添う」基礎条件さえ掘り崩されているということです。よく「ともに生きる」とか「多文化共生」と言いますが、そのための最低限の信頼が失われているのではないか。「被害者に寄り添う」などとおこがましいことを言う前に、とりあえず加害者を止めようという本なのです。そういう話ってみんな避けていませんか。在日朝鮮人や被害女性、障がい者の人に話を聞く前に、加害者を止めることに一生懸命になってくれませんか。これは在日朝鮮人である私が日本人に言っているのではなく、一人のシティズンとして言っています。私は自分が在日朝鮮人だということを無視したことは一度もないし、考慮しなかったこともないけれど、それでも、いやだからこそ、同じ一人のシティズンとして語ることは可能であり、むしろ不可避なことなのです。

聡子　「あとがき」にこんな一節がありました。「最初は頑張って自分や学生時代に知り合った様々な人たちの疎外経験を語る努力をしてきた。うまくいったこともあった」。だけれども、「消費」された…。なかには涙を流して在日の朝鮮人差別に同情してくれる方もいたがその後、「差別をなくす活動をしたかといえばそうではない。

いつしか、日本人向けに在日コリアンの差別について語ることが苦痛になり、それに自分の心身が耐えられなくなった。あるときを境に、私は差別を語るそれまでの言葉を失った」。これはおそらく在日コリアンだけではなく、多くの差別されてきた人々が思っている話です。えてして一般的には「加害者を処罰する」よりも自己語りをしているほうが楽なのではないか、と社会的には映るのですよね。でもそうではない、ということを分かっている当事者は実は多いのですが、傍観者たちはそこに酔いしれている。

「反レイシズム1・0」を勝ち取る闘いへ

聡子　そこにどう切り込んでいくか。二周遅れのなかで何をしていくのか。英聖さんはどう考えているのでしょうか。

梁　「反レイシズム1・0」[注3]を勝ち取る以外に方法はないですね。具体的にはヘイトウォッチと第三者介入。ただ加害者を止めればいいということではありません。その共通の運動で連帯をすることこそが大切です。その連帯のなかで、マイノリティの疎外やインターセクショナリティの問題を悩みながら解決していく。この本ではそう提案しています。

ヘイトウォッチは極右を監視してその情報を分析して可視化していく活動です。極右を可視化することで差別を封じ込めることを狙っています。そして第三者介入は、差別をする人とされる人の二者だけではなく、傍観している第三者が差別を止めましょう、それが難しければ写真に撮って記録する。BLM運動が爆発したきっかけは第三者介入だったのです。ジョージ・フロイドさんが殺

注3　基本的な差別を見えるようにするモノサシとして「反レイシズムゼロ」「反レイシズム1・0」「反レイシズム2・0」という区分を著者は規定した。「反レイシズム1・0」は一九六〇、七〇年代にアメリカやヨーロッパ、あるいは国際人権規約のなかでつくられた、基本となっている反レイシズムの規範を指す。

されていく約一〇分間を動画に撮り、翌日にアップしたダルネラ・フレイザーさん（※対談後にピュリッツァー賞を受賞）[注4]という一七歳の高校生の黒人女性の命がけの行動によって社会が変わった。

日本でもZ世代[注5]は、レイシズムあるいは資本主義と闘わなければ、起き上がることも息をすることもできないという状況に追い込まれていくことは間違いない。その一つとして、ヘイトウォッチと第三者介入を提案・実践しているわけです。

二〇一三年にヘイトスピーチが大きな社会問題となったとき、私は三〇歳でした。日本で頻発したヘイトスピーチというのは遊び半分で差別をおこなうという最も醜悪な差別のあり方です。KKKやネオナチのように本気で殺しに来るならまだしも、殺す気もないのにヘラヘラと笑いながら「ゴキブリ」「朝鮮人死ね」と言ってくる。そしていままで信頼していた上の世代の知識人はほとんど沈黙する。私には欧米で問題となっている差別禁止規範成立後もなお、差別禁止をどこまで行うべきかという解決困難な問題として残るヘイトスピーチ問題とは、差別禁止ゼロの日本で素人が遊び半

注4　https://mainichi.jp/articles/20210612/k00/00m/030/015000c
注5　一九九〇年後半頃から二〇一二年頃に生まれた、SNSネイティブ世代をさす。世界のZ世代はラディカルな社会運動に立ち上がっている。実態と分析についてはキア・ミルバーン著、斎藤幸平監訳『ジェネレーション・レフト』（堀之内出版）参照。

分で差別犯罪に手を染めるゲームのような日本の「ヘイトスピーチ」は、似ても似つかない問題のように思われました。これを理論的にも運動的にもどう考えるかを議論すべきときに、信頼していた知識人や活動家からまともな分析がでてこなかった。それで自分で研究するしかなかったわけですが。

自分が得た結論がさきほどお話した「反レイシズム1・0」でした。それは日本社会に確立させるべき、あるいは社会運動のなかでも築き上げるべき、最低限度の信頼関係といってもいいです。日本の社会運動で一番足りないのは、社会運動の経験を蓄積するための総括と方針、議論だと思うのです。しかし恐ろしいことに、社会運動のあり方を議論し相互に批判するだけの、最低限度の信頼関係がおそらく日本社会には上の世代の負の遺産のせいでのこされていません。

「連帯」と言うときに誰を信頼したらいいのか。私の提案は、まずは加害者を実際に止めるというところでゼロから信頼関係を新しく作り直しませんか、ということです。マイノリティの置かれている立場を理解するとか、たぶん無理です。歴史を学んで理解しようとか、聞こえは良いですが、これももはや不可能です。たとえば大学のゼミで日本軍性奴隷制でも朝鮮植民支配でも学ぼうなら、もはや学生が素で歴史否定をする時代ですよ。最低限大学の教室では差別を厳禁にする規範を徹底しなければ、「議論」と称して差別や歴史否定を少しでも行うような者の存在を許さないようにしなければ、マイノリティや歴史などどうして安心して学ぶことができるというのでしょうか。家を建てるにはまず足場をつくる必要があるように、マイノリティの「理解」の手前で、歴史を学ぶ手前で、連帯の足場をつくるべきです。

加害者を止めるという最も初歩的な反レイシズム規範をつくっていくことで、かろうじてマイノリティとの連帯は可能になるでしょう。マイノリティを「理解」することや、歴史に「学ぶ」ことなどは、もはや反レイシズム規範を闘い取るそのプロセスのなかでしか、もはや成立しない。そこまで私たちは追い込まれている、と同時に、このような反レイシズムを闘いとるシングルイシュー闘争には可能性もあると思います。

※この対談は雑誌『POSSE』第四七号(堀之内出版)に掲載された「聡子の部屋セレクション第3回レイシズムとは何か?」(一七四~一八三頁)をもとに加筆修正をおこなったものです。

韓国と日本を考える

梁 永山 聡子（ヤン・ナガヤマ サトコ・チョンジャ）

特定NPO法人アジア女性資料センター理事、ふぇみ・ゼミ運営委員、在日本朝鮮人人権協会性差別撤廃部会・運営委員。在日本朝鮮人人権協会性差別撤廃部会・運営委員。

在日朝鮮人三世である。

何がそうさせるのか?—動く韓国社会運動、動かない日本—

ポストコロニアル

日本では今、音楽、ドラマなどを中心とした「韓流(韓国)ブーム」ですが、韓国の社会運動についてはあまり伝えられてないと思います。韓国の社会運動から日本がどのように学ぶのかを考える会にしたいと思います。そして、国境を越えて「一緒に良いところ」を取り合って活動していきたいと思います。そのために今日はいくつか私の考えていることをお話します。

私は多くの大学で非常勤講師をしているので、多くの学生と関わる機会がありますので、いまの「大学生」の思考性に触れる機会があります。そこで感じるのは韓国に対するアンビバレントな気持ちが今の若い世代にあるということです。それは私の研究課題とも大きく関係してきますので、研究について少しだけご紹介します。

私の、研究課題は、ポストコロニアル社会[注1]における植民地主義残滓のフェミニズム(旧宗主国と被植民地国におけるフェミニズムの権力関係)です。それなに?って思いますよね?たとえば、韓国で起きていることと日本で起こっていることを、「同時並行的」に語られることがありますよ

注1　植民地化されていた地域社会や文化が独立後にも、支配されていた時代の負の遺産が国内外問わず影響している。

ね。アメリカと韓国は同盟国、アメリカと日本も同盟国で、その中でいかにして日本の優位性をみせようとする。今だと、新型コロナウイルスのワクチンについての対策の差をどう報じるのかなどですね。現在では、韓国と日本は経済格差も同水準ですし、同じ資本主義国家である。しかし両国を同じ基準ではみてはいけないのです。なぜかといえば、過去に植民地支配をした側とされた側（被支配）であるということです。言い方を変えれば「加害者と被害者」という経験の違いなのです。そのことを抜きにして、両国の関係を判断することは不可能です。実はフェミニズムでも同じことが言えます。しばしばフェミニズムやジェンダーを学んだり研究したり実践している人が陥りがちな「ナショナルなもの」を、ある意味では解体しようとか、男性性と結びついている国家・国っていうのは、最初から全否定で入る傾向があります。典型例は韓国人、朝鮮人が持っている建国に対する「ウリ＝私たち」とか「ナラ＝国」のようなある種のアイデンティティを、ナショナリズムとして批判するのです。韓国／朝鮮はなんだか民族主義的であると、国家主義的であるとしてしまいがちなんですね。フェミニズムでは、それがすごく強い傾向にあります。

それは、韓国／朝鮮と日本、中国と日本と、韓国／朝鮮と中国と。植民地であった、大国に従属させられた国と支配した国が同じ地平でナショナルを語ることはできないのです。もしも比較をするのであれば、社会構造や歴史の営みから見ない限りやってはいけない作業です。この比較研究をプロジェクトで一緒にやってるんですが、同じ植民地になった国でも、そのあとの建国の闘争とかがまったく違う場合に、フェミニズムの展開もまた違ってきます。つまり、私たちは、単純に「女性だから連帯できるよね」とか、「ジェンダー研究だから、全部理論的には同じだよね」、ということにはならないと思っています。（詳細は報告書をご覧ください https://waseda.repo.nii.ac.jp/?action=pages_view_main&active_action=repository_view_main_item_detail&item_id=65477&item_no=1&page_id=13&block_id=21 （科学研究費：マイノリティの社会運動と政策イシュー形成過程の領域横断比較研究）

さらに大事なことは韓国を話すこと、それは朝鮮半島の「半分」しか話していないことを知らなければいけないことです。また、在日コリアンのこともいれていない。つまり、韓国は朝鮮半島の三八度線で分断された南側の国家で北側（朝鮮民主主義人民共和国）と休戦状態です。ゆくゆく統一するでしょうし、どう統一するかっていうのはそれぞれの考え方がある。朝鮮半島の片方の国だけの話をして、これで朝鮮半島がわかった気にはなれないのです。韓国だけを見て朝鮮半島と見てしまっている。日本の社会は朝鮮民主主義人民共和国の存在を含めて朝鮮として見ないという状況にあると思います。とは言え、私も今日の話は韓国の話です。従って半分のことしか話せないのです。

日本の市民感覚

なぜ日本社会では市民の声が束になりにくいのだろうか。仮に声になっても日本社会では市民の声が権利追及にならないのか。これは二つの問いがあると思います。一つは、社会運動や個人が声をあげて意思表示をすることがなぜ少ないのか、ということ。もう一つは、飼いならされて従順になっているのではないかということ。たとえば学生と話すと、すごくびっくりするのが、話し方が経営者目線なのです。私が労組の話をし、アルバイトが入れる労働組合もあるんだよと説明して、「ちゃんと権利要求しなきゃいけないよね」っていうと、「いやでもそれは会社も大変だし、会社の社長も大変そうだし、会社の売上が悪いから、お店の売上が大変だから」と。これは完全に経営者目線ですね。自分は社長じゃないのに。日本がここ数年、一九九〇年代後半から二〇〇〇年にかけた新自由主義の結果として、こういう話をする学生に遭遇します。

私は学生に、「あんた社長じゃないでしょ」「あんた店長じゃないでしょ」、「あなたの権利というのは労働者として守られているわけだから、経営者目線でそういう風に言わない」といいます。さらに「たとえばゼミでなにかあったときに、これ先生がかわいそうだとか、そういう風には考えずに、あなたは学生としての権利をちゃんと追求しなさい」といいます。もちろんそれは思いやり、優しさといえば優しさなのかもしれないけど、それは自分の権利を追求しない逃げでもあるんです。

こういう場合、韓国社会ではどうなのでしょうか?このことを知ることは重要なことです。が・・・今、韓流ブームなのになぜか「韓国の社会運動」に日本の人はさほどの関心を持たない。今の韓国ブーム、韓流ブームは食事やアイドルやタレントのブームで、フェミニズム運動、民主的な手続き、司法判断などを知ろうとはしなし。そして何よりも、政治家が問題を起こしたらデモをするなどの市民社会を創造する行動について、日本の人の多くは見ようともしないのが現状です。たとえ見たとしても、「ああいうのはちょっとなんか・・・自己主張の強い国民だ」と敬遠します。市民運動が政府や自治体等への抗議活動はアメリカをはじめ多くの国々でも行われているし、報道もされています。韓国の食事を堪能し、エンターテイメントを楽しんでいても「あの国の国民性ちょっとね…」これって一体なぜなのか、ということを次に考えていきます。

考えてほしい日韓の関係

現在の日本と韓国の関係で最初に出てくるのは、おそらく「慰安婦」問題や強制連行への補償問題だと思います。私これあえて歴史とは言いません。過去の話じゃないから。これは日本の現在進行形の問題の一つです。日本は歴史問題としてしまうことによって、過去のこととしてしまう傾向があるんですね。ここが最大の間違いで、韓国を含めてアジア太平洋地域では今も続く「生活」「人生」の問題なのです。今の問題なので、私はあえて日本の補償問題としましたが、一般的には歴史認識問題ですね。日本軍性奴隷制、「慰安婦」問題、それから強制連行の処理の問題です。今まさに政治問題として、日韓を大きく二分していると言えます。でも残念ながら、多くの韓流ファンたちはあまりこれらに関心を寄せない。ある学生から「メディアで報道されてることにちょっとなんかもう疲れちゃって面白くない」と言いました。それは私も違う意味で同感する面もあるんですが。でも、韓国のことに関心があったら、日韓関係について政治ってどうなっているかって少し考えてほしいものです。そうなると、韓国に対して日本政府がどのような態度をとっているのか、気になるはずです。今は自民党が政権を握っていますが、自民党は一般的に保守派ですが、安倍政権以降は右傾化が顕著で極右ですね。昔の自民党から見たら今はもう極右翼政党です。安倍政権も菅政権も右翼政権と言えます。何となく見てるとあんまり右翼になってないように見えるかもしれませんが。大好きな韓国に対してあれだけ差別意識、侮蔑意識を持っている政権を野放しにしていることは、本来はできないはずです。しかし、政権交代を望むような行動を起こすことはしないですね。

そんな自民党内にも、韓国とちゃんと手をつながなきゃいけないという政治家もいます。この筆頭が、河村元官房長官。この人は昔はそれなりに結構右翼に近かった気がするんですが、最近ではあまりにも他の政治家が右過ぎて、なんか中道に見えてきます。河村元官房長官が何をしてるかっていうと日韓議員連の会長なんです。さらに戦後、日本で最後に残ったＢＣ級戦犯、の支援をしています。

日本兵士として戦争に駆り出され、戦後戦犯として死刑判決（後に減刑、その後釈放）を受けた李鶴来（イ・ハンネ）さんが日本政府に対して、日本人と同じように補償を求めた裁判で訴えが却下されたとき、支援集会で元官房長官は申し訳ないと頭を下げた。

YouTubeでその報道特集を見られます。この特集は大変勉強になります。そして日韓関係を考えさせられる特集です。この被害者になった李鶴来（イ・ハンネ）さんのほうが日本のことを擁護して、河村さんがそうじゃないという。

今、一応最大野党の立憲民主党が、韓国人BC級戦犯の支援をやっているかっていうとやってないんですね。政治的に左派／右派っていう分け方がありますが、そういう分け方すること自体ちょっと難しい状態になっていると思います。（「最後の韓国人元BC級戦犯の死【報道特集】」https://www.youtube.com/watch?v=ZtJfncL4en4）

韓流ブームと嫌韓

韓国の民間のシンクタンクが、悪化する経済関係ということでの指標を出しました。日韓関係が悪くなり、韓国の経済もそれなりに悪くなった試算しています。しかしそれは、いわゆるハードなもので、たとえばソフトの輸出入っていうのは、あまり変わってないらしいんですね。これはでもこういうニュースが出たっていうことは重要なことです。（悪化する経済関係？　韓国経済研究院日韓関係の対立が経済に与える影響分析（韓国・民間シンクタンク・韓国経済研究院　5月25日）https://www.jetro.go.jp/biznews/2021/05/0e85c212975f95d7.html Japan External Trade Organization（JETRO）．独立行政法人日本貿易振興機構

日本の現政権の政治家は日韓の経済関係を修復しようとは考えずに韓国バッシングしたり、無視したり、敵視したりしています。しかし今街では、韓流・韓国ブームです。特にコロナ禍になってから、韓国に遊びにいけないので、「渡韓ごっこ」「韓国食べ放題会」などＳＮＳでは溢れています。実は男子も、二〇一九年前後から、韓流熱がきました。私があるスタディーツアーのコーディネーターの補佐手伝いみたいな役で韓国にフィールドワークに行ったときに、大手私大の男子学生が興味深いことを言いました。「実は渋谷に行くより明洞（ミョンドン）、弘大（ホンデ・韓国の若者が集まる街）の方が心理的に近い」私はその言葉を聞いて衝撃を受けました。お、これは、韓国に相当魅力を感じているなと。また二〇一九年の女性ファッション雑誌ですが、「韓国人と付き合いたい」、「韓国に住みたい」、そしてなんと「韓国人になりたい」という記事が組まれていました。いやそんなことないだろうと、これは一部の話だろうと思ったら、空前の韓流ブームで、過去に類を見ないほど最も過熱してきていると言われています。たとえば「冬のソナタ」のヨン様のブームと

きには年齢層が高い人が多いと言われましたが、今回はありとあらゆる世代、上から下まで、特に小中学生から大人に至るまで、特に女性というジェンダー化されたカテゴリーの中の人たちが魅了されているそうです。それからもう一つ重要なのが、ファッション誌だけじゃなくて、生活情報雑誌などでも、「韓国インテリア特集」をしたら、そのとき完売したそうです。

みなさんご存知の通り、雑誌業界は長い間「不況」です。私は雑誌世代だったので、雑誌でファッションを学び、雑誌で恋愛を知り、大学生の時には、左手に資本論、右手に『CanCam』と、そう言って自己紹介するくらい好きでしたし、影響されていました。ちなみにどういう意味かというと、右は右派だから、消費の対象である『CanCam』を読みながら、左の資本論、資本論を。「これは今の私にとっては成立するんですよ」っていう比喩としてよく使っていました。たしか、大学院の三年目ぐらいまでは比喩として通じてたんですが、『CanCam』を含めたファッション雑誌が全然売れなくなってきてました。変わって、インスタグラムをはじめとして、インターネット上のものが女性たちの新たな情報アイテムになってきたんです。これはみなさんご存知の通りです。もはや「死んだメディア」と思われていた雑誌が韓国特集をすると「生き返る」つまり、ほぼ完売になるそうです。今では増し刷りまでするそうです。政治や既存のハードな経済の日韓関係が冷え込んでいると言われている中でのアンビバレッジ（相反する）する韓流ブーム、韓国がこういう形で、日本文化産業を支える一つのコンテンツになっている、一体これどういうことかっていうのを考えようと思います。

これを考えるには、「なぜ韓国に魅力を感じて、なぜ嫌悪感を抱くのだろうか」を避けて通ることはできません。これは色々な方が言っているのですがキーワードに「世代間断絶」があります。それを支えるのが「どのメディアを見ているのか」という問題です。要するに韓国を好きな世代と韓国を嫌う世代は、見ているメディアが違うということです。日本のいわゆる既存の大手メディアは、男性中心主義的な構造が継続しています。いかにも古臭いサラリーマン化された、保守的で、女性差別も激しい所で、「おじさん」たち、もしくは「おじさん化している女性たち」や、若くてもおじさん的なメンバーが集まり、韓国に対する記事を書くのです。言い換えると、韓国に対して日本よりも「劣る」という既存の考え方を持っている人々です。そんな「劣る」はずの韓国が国際社会で発言力を増し、よい工業製品を作っていることに理解が及ばず、ただただ以前からの優越感で差別しています。

もう一つが、嫌韓は権威主義と結びついているということです。韓国を好きだとか、韓流に惹かれている、中国も含めアジアに惹かれているっていう若者のうねり確かに存在します。その若者たちはアジアの市民のダイナミックな動きに裏打ちされた混沌とした市民が主役の文化を楽しんでいるとも言えます。当事者たちは気がついていないかもしれないけど、その文化は既存の「何か」を破壊しているのです。その破壊の多くは創造であり権威主義への「NO」であることを理解していません。むしろ、権威が大事であるから、市民の行動が理解できないともいえます。そうしたダイナミックな動きが市民を苦しめる大統領を引きずり下ろすことにも繋がっています。それこそ民主主義のお手本であるはずなのに、「韓国人は自己主張が強い」として、感情論で否定しようとします。

さらに、嫌韓の人々は、物事を家父長制的な視線で見ているのです。ちなみに家父長制的は、これは別に男だけじゃないです。家父長制は家父長を支える人がいないと成立しない「制度」です。すごく噛み砕くと威張り腐ってる人と、威張ってるのを喜んで受け入れる人、がいないと成立しないのです。その源泉っていうのは、明治時代以降の天皇制と戸籍制度です。日本は万世一系、世界でも優れた道義国家である。（詳細は前川喜平さんの章をどうぞ）。

一概には言えませんが、多くの五〇才代以上の世代に多く見られるいわゆる嫌韓の典型的な例として、一九四五年生まれの平沢勝栄という政治家が、あるインタビューで、「自民党のスローガンは今、日本を取り戻すなんですが、誰から取り戻すんですか？」と聞いたら、もじもじしながら「韓国から取り戻す」と、その番組で。一同え？ってなったわけです。言ってることは支離滅裂なんですが、彼の頭の中では成立している論理なんでしょう。自分たちが植民地化した韓国（正確には朝鮮）の文化が今さかんに日本に入り込んできている、これは危ない、だから日本を取り戻す。言い方を変えれば、韓国にある面で負けてるというのは自覚してるんですね。取り戻すから。

これを聞いて思うのが、「勝ち負け」という思考法も、男性中心主義的な視点で家父長制を強化する。さらに勝った、自分たちは勝ってなきゃいけないっていう視点もまさに植民地主義の視点です。ここで植民地主義と男性中心主義がハイブリット化していくのです。明治期の征韓論・植民地思考は、早稲田大学を創った大隈重信、慶応義塾大学を創った福沢諭吉も持っていた。そして実際に日本は朝鮮を植民地化した。敗戦後の今も嫌韓の人たちは朝鮮に対する見方・言動は本質的には当時の征韓論と変わらない。そのような人は韓国を「支配する対象」として未だにみているわけです。だから、当然嫌韓の人たちは韓流ブームを気に入らないものとしてみている。

若い世代は嫌韓を乗り越えていく

ところが韓国なるものに魅力を感じている人は「なんとなくいい」をそのまま表現している。韓国の音楽、映像、メイク、ファッションなどに、魅力を感じている。最近はほとんどテレビ見ないんですが、テレビをみていたころに、わりと結構いいなと思っていたコメンテーターがいて、たまたま移動中の車内でテレビをみたんです。そのコメンテーターが、他のことにはかなり鋭い社会批判をしていたんですが、こと韓国の問題になるとブレるんです。そのブレ方がすごく象徴的だった。ＢＴＳ（韓国の７人組男性ヒップホップグループ）の新しい曲について、イギリスの作家が作った、イギリスの作曲家が作った、ダンスはなんとか、日本のアーティストが確かダンスの指導をしてるんですよね、撮影は海外の○○だとか、極め付けは「もうこれは韓国のじゃない」って言いながら、韓国性を消し去ろうとするのです。それはアメリカでの評価も高いので、韓国のアーティストを低く見たいけど、その楽曲が「だめ」だなんて言えないんですよね。それで作ったのは他の国のアーティストだとしたい。事実誰が作っていようと、それはコスモポリタンで作っているわけですよね。そんなこと言ったら、日本のアーティストだって、多くの人たちが海外のアーティスト使って、作曲したり作詞したり、ダンスの振付している。これは文化の優れているところです。よいものは簡単に国境を越える。それをどうにかして韓国のオリジナルじゃないと言って落とし込めようとする。同じアジアの一員として、ありのままに韓国を捉えようとしない論理がたくさん展開されています。第三次韓流ブーム（少女時代などが人気）の時に、レコード会社に勤める友人に「今まで韓国人演歌歌手っていうのは漢字で発売をしてたいけど、最近全部カタカナだね、どうして?」と聞いたら、日本の音楽ジャンルの区分けが少し前まで、邦楽と洋楽しかなかった。当初は韓国の音楽をどっちの枠に入れるかっていう論争があったそうです。そもそも、「どちらに入れる」という発想が変ですけどね。昔は韓国人の歌手の方は全部邦楽に入っていたそうです。ところがさすがに「邦楽」はおかしいから「洋楽」にしようと、そうしてカタカナにして、「欧米化」したわけです。そしたら、爆発的に売れたと。友人はそう話してくれました。売れた理由はいろいろあるでしょうが、そういう意味でも、私はわりと第三次韓流ブームのときにはかなり引いて見てました。これは韓国のことを受け入れたのではなくて、ものすごく質の高い「外来」、「外来種」を陳列した。質が高いのは聞けばわかるし、みればわかるので。今までは別世界であったが、少し顔が同じ顔で、可愛らしい喋り方をする、もしくは、少し聞きなれない言葉が、英語ではない言葉があるってことが物珍しかった。それでブームになった。

一方、今の若い世代は、SNSのように自ら発信するメディアを持っているわけです。韓国の歌手、俳優、アイドル、アーティストや食べ物、韓国旅行の話などを友人に発信するわけです。そうすると、やはり生身の人間との触れ合い、今を生きる瞬間、そして、韓国と日本の差を感じさせない「何か」を感じるのです。そして、韓国なるものが、身近な存在として若い人の人生に入ってくるのです。違和感なく。むしろ、「共感」をもって。それは音楽に止まらず、インテリア、デザイン、最近では韓国の建築がブームだそうです。嫌韓世代とかけ離れて幅広いジャンルの韓国のものが注目されてくるようになってきている。

社会運動が韓国を支えてきた

日本では「韓国は遅れていたが、その遅れた韓国が最近日本に追いついてきた」とよく言います。日本が進んでいて、そのあとを追いかけていく弟（韓国）がやっと成長してきているんだから、その次も東南アジアが出てきてと…。これは私が一緒に研究してるような学者やリベラルと呼ばれる人も同じこと言います。

しかし、リベラルや左派はそんな遅れた韓国と思っていたけれども、市民社会の運動を見ていると、「どうやらここに来て違うらしい」と思い出しています。フェミニズムに対してもそうでしょう。その認識の変化は徐々にありましたが、後ほど話しますが、大きかったのは大統領をその座から引き摺り下ろした「ろうそくデモ・キャンドルデモ」でしょう。

根底には、韓国社会を支えている社会運動、もしくは市民運動の厚みの違いです。その源泉は民主化運動です。そして今#ＭeＴoo（「わたしも被害者だ」）、#ＷithＹou（「あなたと共に闘います」）も含めた韓国のフェミニズム運動に結果を見てるんですね。#ＷithＹouは韓国オリジナルの運動のスローガンです。新しいスローガンが登場するということは、運動の成熟があるからです。では、どうしてそのような運動の蓄積があるのでしょうか?ごく簡単ですが、朝鮮半島の運動の歴史をみてきたいと思います。

韓国の民主化主化運動の原点三・一[注2]独立運動

このあたりのことはたくさんの研究がありますので、そちらを参照いただくのがいい思いますので、私はごく簡単に触れます。

朝鮮半島は近代化と植民地支配が同時に起きてしまい、自分たちの自主性のもとに近代化を達成できませんでした。代わりに大事な概念が生まれます。それは、「自主／自律／支配からの解放」です。その典型的な出来事がかの有名な三・一独立運動です。この運動が日本で大きく紹介されていないことがとても残念だと思っています。諸悪の根源は帝国主義を進めた日本です。そのような中、三・一独立運動のきっかけを作ったのは、日本に住んでいた朝鮮半島から来た留学生です。そして、三・一独立運動に関連して関東大震災の朝鮮人虐殺があったわけです。朝鮮半島の民衆の最初の大きな抗日運動であり、民衆意識が大きく転換した時期です。つまり、三・一独立運動は日本が明治以来行ってきた「政策」の問題を糾弾する行動なのです。それをもう一方の当事者である日本社会

注2　三・一独立運動とは。日本政府が朝鮮を併合し植民地として支配してきたことに対して一九一九年三月一日に朝鮮独立を掲げて民衆が集会を開いた日。多くの人が逮捕弾圧された。当時中国でも同様の運動がおこり第一次世界大戦後の大きな民衆運動の大きなうねりがあがった時期でもある。日本の朝鮮留学生も活動し、中国上海で李承晩らが大韓民国臨時政府を結成し海外の拠点とした。李承晩は後に朝鮮分断後の韓国独立後初代大統領となるが独裁政治を続けた

が知らないなんておかしすぎです。

日本では、本来この時期は学生の春休みだから旅行代金は高いはずなのに、三月一日の前後は、韓国への飛行機や旅行パックは他の時期に比べて安い。三・一独立運動の記念日、八月十五日もそうですが、韓国で運動が盛り上がるから、危険だから、外務省から渡航の注意が出ているから安くなる。「行くなら安全は自分で守れよ」と。本当にそうなんでしょうか？違うに決まっています。韓国に留学した普通の大学生が「そう思って（この時期は反日的な行動が多い）過ごしたけど、特に何もなくて、あっても平和的な運動でした。むしろ日本の報道が怖くなりました」と書いてあるブログを見つけたことがあります。当時話題になっていました。結局、報道などでによって、平和を祈るデモや集会を「反日」とレッテルを貼って、韓国イメージを作り上げていると言えます。むしろこちらの方が問題ではないでしょうか。

独立後の韓国の民主化闘争

今の韓国を知るのであれば、軍事政権からの民主化を勝ち取る一連の闘争を知らなければ理解できません。民主化政権が一時は出来たのですが、すぐに日本の植民地時代に陸軍士官学校卒業し、日本陸軍が作った満州国軍士官だった経歴をもつ軍人朴正熙氏による軍事クーデターが一九六一年に起き、独裁的な政権になり、民主化運動家を弾圧し続けました。後に朴正熙氏の独裁政治に対して民主化運動がおこります。それは、韓国の全土に波及していきます。いわゆる「知識人」や政治家に止まらず、「普通」の人々が生存をかけて、軍事独裁政権を倒すことになります。このことは、『タクシードライバー』『１９８７、ある闘いの真実』『ペパーミントキャンディー』などの映画で知ることができるので、まずは、良質な韓国映画で韓国民主化の歴史をみてください。

朴正熙の娘の前大統領朴槿恵氏は、職権乱用・収賄などの疑惑が発覚し、多くの市民が抗議のためにキャンドルデモ、ローソク集会などを行ったのですね。キャンドル革命などと言われています。

これは韓国の民主主義が成熟したと言われる象徴的な事件というか展開でした。大統領、もしくは権力者に対して、それは間違っているんだと言って、引きずり下ろす。これは前もあったんですが、「すべての権力は国民より発する」（韓国憲法）ということを韓国の国民の三分一にあたる一七〇〇万人が参加して実践した。そして現在の文在寅（ムン・ジェイン）政権が誕生しました。今の韓国政府を支えているメンバーの多くは、民主化闘争の時代に刑務所に入っている人も少なくないです。もちろん文在寅氏も同様です。つまり命がけで戦ってきた人たちが今政権についているわけです。

一方日本はどうでしょうか?引きずり下ろすどころか居座り続けています。安部政権下での森友学園・加計学園や桜を見る会、そして安保法案、憲法改正の準備など…。日本の憲法でも「国民主権」が明記されていますが本当に市民が権力を持っているのか、行使しているのかと疑問を感じます。そして市民運動はずーっと淡々とずーっと頑張っていますが。森友学園・加計学園や桜を見る会の話題が出るたびに、韓国の友人から「これで安倍政権も崩壊だね」と連絡がきたことを覚えています。

＃ＭｅＴｏｏ運動

次に注目したいのが最近の＃ＭｅＴｏｏ運動です。現在、韓国ではフェミニズム、ジェンダー平等についてさかんに運動が展開されて、コロナ前に最高潮を迎えました。その時に多くの政治学者は「これはもう前のようなジェンダー不平等の社会には戻らないだろう」と言っていました。欧米でも日本でも、「ジェンダーバックラッシュ」がありました。（詳細は石《そく》楿《ひゃん》『ジェンダー・バックラッシュとは何だったのか―史的総括と未来へ向けて』インパクト出版会を参照のこと。）ジェンダー平等をすればするほど、セクシャルマイノリティの権利を擁護すればするほど、反ジェンダー、反セクシャルマイノリティ、反女性という人たちがたくさん来て、日本はそれで、空前のバックラッシュが起きました。現在は第二次でしょうかね。韓国はそうならないと言う意味でしょう。つまり元の世界に戻らないと。はっきり。結構保守的な政治学者から、もちろんジェンダー研究者から、多くの人たちが口を揃えて言いました。いやそんなことないよと、ソウルとプサンの選挙を見たらバックラッシュだったじゃないかと言いますが、これはまさにバックラッシュではなくて、むしろ左派でも右派でもセクハラをした人はもう政治の現場に出れませんよっていう、それの対応に対する、現在の政権に対して黄色信号を出しているのでしょう。

「元の世界には戻らない」とされているこの源泉というのは、社会運動の積み重ねがあったからですね。もちろん単発的にいろんな現象では出てくるんだけれども、この運動があって、あの運動があって、そして今この運動。ジェンダーが最後だったっていうのは大変興味深いことですがね。もちろん民主化の時もジェンダー不平等に異議を唱えたり、家父長制的イデオロギーにNOを突きつけたりはしていました。ここで大事なことは常に、自分自身をたちあげて、支配から解放を求めつづける行動をすることです。

NGOと労働運動

大事な要素にNGO（Non-Governmental Organization）の存在があります。つまり政府には関わらないけれども社会的な問題を解決に導くような政策をとるまたは政府に要求することです。たとえば労働問題／貧困問題、ジェンダー差別の問題、障がい者問題など幅広いNGOが韓国では増えてきました。残念ながら日本はNGOというのが本当に数少ないですが、NPO、シンクタンクはたくさんありますね。でも市民社会を支えるシンクタンクは極端に少ないです。霞が関が自民党のシンクタンクですからね。新自由主義のイデオロギーの対応として、市民運動が社会変動の中心的な位置になってきました。韓国は新自由主義が日本より早く入ってきたと言われています。ソウルオリンピック、IMF危機以降は、日本とは比べものにならないぐらいにかなりの労働環境の悪化と、非正規雇用化、それから女性の労働の貧困化が起きています。早い時期から新自由主義的な富の再配分が行われ、富の分布がすごくはっきり分かれてしまったがゆえに、労働運動がとても盛んになってきたということです。

世界的に労働運動は衰退してきています。しかし韓国では先に述べたように労働運動が盛んであると、今ではアメリカやヨーロッパでは大変注目されてるんです。

韓国の社会運動と市民

今日の本題ですが、「なぜ韓国の社会運動が日本に伝わりにくいのか」を考えておきたいなと思っています。「メディアが伝えないから」って言ったらそれまでなんですが。メディア全般に、たとえばフランスの黄色いベスト運動もすごく批判的に捉え、デモするとなんか過激な反政府運動として、どうやら日本は、社会運動について怖いイメージで報道します。左翼は内ゲバするというイメージがかなり定着してしまっている。でも本来の社会運動って市民の力であって、市民の声を発する動きですよね。言ったら当たり前のことですよね。でもその当たり前が成立しないのです。私がすごく気になるのは、日本人はインタビューで「ありがたい」って良く言いますよね。コロナ感染者の人数が減って、営業規制が緩和されたとき、「緩和してくれてありがたい」って言うんですね。ありがたいっていうのはどういうことかというと、お上からなにかしら施しを得て、ありがとうございます、ありがたい、っていう意味です。

一応近代国家に生きている私たちは、声というのを束ねて声を伝える力や権利があるはずなんですね。韓国嫌いだってはっきりわかるようなことを今まで言っていたある有名なコメンテーターが、キャンドルデモの話をしたときに、「大統領に対して批判するなんて、なんてひどい国民なんだ」っていいました。いやいや逆でしょと。大統領がおかしかったら、おかしいんだと突きあげて糾弾するのが市民の力で。大統領が、そうか、市民がこう言っているんだ、これはまずいなと、そうだこの法案取り下げなきゃ、この法案変えなきゃ、この大臣変えなきゃ、これ当たり前のことです。残念ながら日本では、市民がどうやら権力者になにか意見言うことはダメだし、市民が意見を言って言説を変える権力者は「頼りない」、なんだか腰抜けのように見えてしまっている。これこそ奴隷根性というか、家父長制を強化している。

韓国だけじゃないんですけども、ソーシャルムーブメント、市民運動っていうのは実は社会の中心なんですね。ヨーロッパ諸国は、国家（権力）と市民はある意味対立関係だと言っています。国家と市民は必ず対立するんだと。国家は必ず市民に対して良いことばかりはしないから、常に監視をしなきゃいけない、常に対抗を持たなきゃいけない。これがヨーロッパの大きな市民社会のあり方ですね。アメリカは、資本主義のチャンピョンで、自由競争、市場拡大を最高の価値としています。そのアメリカのアフロ・アメリカン・ミュージアムに行ったときに、ワンフロア全部ソーシャルムーブメントゾーンがありました。それは、浮き立って社会運動があるのではなく、社会運動、スポーツ、エンターテイメントを同列にみているのです。

韓国のフェミニズム

社会運動の中にジェンダー平等、フェミニズムの視点がすごく大きく関わってきています。最近では、テレビ番組でジェンダーの基づく差別問題、歌詞が性差別的じゃないかなどを公論化しています。BTSよりも先に世界に出ていったビッグバンというグループが、性暴力をしました。その時に支援団体も含めて、女性たちが声をあげていました。つまり、一方で、エンターテイメントを育てている、一方でやっぱり悪いことをしたら、誰であったとしても、それをしっかりと批判していくっていう姿が、フェミニズムの運動の成果です。これ「言ってはいけないんだ」と「言っては良いんだ」が運動の積み重ねの中で確立してきたわけです。

韓国のフェミニズムが、ある意味で世界を牽引するまでになった。雑誌でもそうですが、最近本屋さんでは売れるのは漫画と韓国フェミニズム翻訳小説だそうです。原本の装丁は、とてもおしゃれで、手に取りやすくなっています。装丁って大事ですよね、皆さんもジャケ写、本を買うときとかに、あまり本を買わない人にとって、おしゃれであれば惹かれて手に取るということで、かなり意識して作ったそうです。イ・ミンギョン（著）・すんみ（翻訳）小山内園子「私たちにはことばが必要だ フェミニストは黙らない」（日本版書名）の出版社の方と会う機会があってお話したんです。私より年下でした。社長さん。やっぱりこういう本を出版すからにはみんなに読んでほしいから、デザインにはかなり力を入れたと。いくら良いことを言っていたとしても、それが自分の身近なものに感じなければ手に取らないということです。韓国ではフェミニズムとおしゃれが相反していないのです。

社会運動としてのフェミニズム

堕胎罪（中絶を禁止している法律、日本が植民地のときに作った）、廃止運動の際に、処罰化廃止を白紙にする話が出た時に、デモ参加者全員黒の服を着ました。これ一九九〇年代に登場した「ヤングフェミ（young feminist・若いフェミニスト）から取った「ヤングヤング（ヨンヨン）フェミ」（「ヤングフェミ」よりもっと若いという趣旨の単語）と名乗った。彼女らは「私もいつでも被害者になり得る」という自覚から勇気を出したと告白した。「ヤングヤング（ヨンヨン）フェミ」は二〇一六年ぐらいから始まっているフェミニズム運動の一つです。これ別に組織じゃないんです。若い女性たち、全員紫と黒の格好をして、韓国の街を練り歩きました。これによって、その一か月後に韓国の福祉部、これ厚生労働省にあたるところですけれども、この堕胎罪を撤回したんですね。子宮は、私の子宮は私のものだ、と言って黒い服を着たデモ。これ何のためかっていうと、メディア映りが良いですよね。私も一応紫にしてみたんですが、どんなに良いことを言っていても、どんなに正しいことを言っていても、今言ったように、人々に訴えかけるものではなければ、人々に共感を持たれないものであれば、伝わらないんですよね。人に伝えるっていうことが重要、だから私たちはこの黒を着るんだと。黒を着て主張するんだと。紫っていうのは女性運動の象徴、日本軍性奴隷制、「慰安婦」問題解決運動の色でもある。もちろんそこにも男性もいて、決して女性だけがこの運動に関わっているわけじゃなくて、様々な市民が、特にこの世代が声をあげました。ちょうどこの時期に韓国によく行っていたので、とにかくメディアは連日誰がMeTooしたか、誰がMeTooされたか、を報道していました。やはり、嫌なことも良いことも、都合の悪いことも伝えるのがメディアなんです。自分たちの社会の良いところだけを、報道するのは決してそれはメディアではない。ある意味で社会批判というのは、自分の国のダメなところを切り刻む必要があるわけです。国家と市民の対抗関係と一緒です。このときの韓国の報道は、やっぱりすごいなあと思いました。ここまでフェミニズム展開が大手メディアでできるっていうのは、やっぱり随分変わってきなあという実感はしていました。世界でも類を見ないMeToo運動だってことを報道してました。そして、この始まりは「慰安婦」被害を告発した女性たちだと。

この韓国のＭｅＴｏｏ運動の大事な言葉を発した人のことを紹介したいと思います。詩人のチェ・ヨンミ氏です。この方はですね、コ・ウン氏にセクハラされました。韓国の民主化の思想的ブレーンであり、ノーベル賞候補の作家で詩人です。教科書にも出てきます。つまり韓国では、コ・ウン氏は進歩派のよりどころですね。その人にセクハラされたことを告白したわけですね。それは、「ノーベル賞候補でもあるそんな立派な人が、そんなことするわけがない、お前の虚言だ」と言われるのを覚悟で言ったんですね。チェ・ヨンミさんは、その世界から追放される可能性がある。この告発は結構激震が走った。ちなみに日本でもとても有名な詩人ですので、大好きな人も大勢います。

日本でも、「えっ？この人も」ってなりました。

民主化の中心的な思想ブレーンで、教科書にも載っているようなコ・ウンを告発したので、MeToo運動は左派を叩き付けようとする陰謀だと批判され、「君は本当にそんなセクハラを受けたのかね、本当はそれ右派が君にそう言えって言ったんじゃないか」とさえ言われました。つまり仕組まれた左派叩きなんじゃないかと。そのときに彼女が言った言葉がとても良かった。

「MeTooは男女の戦いではなく、未来と過去の戦いであり、お互いに尊重しながら平和裏に共存するために前進しなければならない、だから私はその著名なコ・ウンを告発しますと」言ったんですね。これはとても大事なことで、社会というのは当然積み上げられながら出てきて、過去というのは、間違っていたとしてもそれはどうすることもできません。もうやっちゃったものなので。日本軍慰安婦問題強制連行も、やっちゃったんです、もう過去に戻って無かったことにはできないんです。だから現在は、もう二度と同じことをしない、もう二度としないことを教育する、これは被害者がみんな言ってることですね。敵と味方、加害と被害ではなくて、過去を乗り越えるんだと。これは逆にきついんですよ。なぜかっていうと過去にみんな過去の制度などにしがみついているからですね。過去を乗り越える、私はこの言葉すごく大事だと思います。

歴史を乗り越える

歴史を乗り越えるってどういうことかっていうでしょうか。そのヒントは韓国で起きている今の現代フェミニズム運動にみることができます。その源泉としてはやはり日本の植民地支配、さらに軍国主義、そして抑圧された人々が最後に平等な社会になるために産みの苦しみなんです。産みの苦しみの中には、韓国の、朝鮮半島史上大事な歴史上の人物（コ・ウン氏、パク・ウォンスン氏など）をセクハラで訴え、社会を変えていこうという動きなんです。なので、急にＭｅＴｏｏが来て、急にフェミニズムブームが来たのではなくて、長い間の日本軍「慰安婦」問題の取り組みがあって、そこでナショナリズムやコロニアリズムの克服があって、労働運動の中で再配分の運動があって、障がい者の運動がある、その中でフェミニズムというのが取り広げられてきました

別に韓国のフェミニズム文学を読んでもいいんだけど、単純に消費して読むのではなくて、韓国のフェミニズム運動どうしてこんなに面白いんだろう、なんでこんなに自分たち惹きつけられるんだろう。それを考えて欲しいです。そして、いまひきつけられている韓流文化はそういう運動の中から生まれたものであり、自由を担保するために多くの運動があったことを知って欲しいですし、知るべきことです。

マリーモンドという会社が立ち上がりました。（http://m.marymond-global.com/）（日本サイトhttps://www.marymond.jp/）これは日本軍の「慰安婦」問題、性奴隷の被害者を支援するための会社です。こういうおしゃれなデザインを作って、店内も素敵ですよね。多くのアーティスト、それから女優さん俳優さんもお気に入りブランドにしています。社会運動は立派な事業です。国家と対抗するのですから当たり前ですよね。少しでも収益を上げて次の運動資金にするのです。その資金を寄付やカンパだけで賄うのでは、範囲が限定されてしまいます。そこで、消費行動でも社会運動を支えてもらおうと、マリーモンドのような会社が登場したのです。ところが日本ではこれが反日ビジネス、もしくは「慰安婦」ビジネスとして非難されています。私は社会運動がビジネスして何が悪いんだと思っています。「慰安婦」問題解決運動にはお金がかかるんだから、ビジネスにして何が悪いんだって思うんです。金儲けをしてなにが悪いんだって思うけど、日本では被害者救済とビジネス、そういうのはなかなか受け入れられないわけですよね。つまり被害者救済はボランティア・自腹で善意で行うものだと。被害者救済を企業の商品販売に結びつけてはいけないと。日本の一部の人達から韓国の若者が作ったこうした会社に対しても被害者救済という名のビジネスだと批判が向けられるんです。日本の民主主義社会が未だに未成熟ゆえの批判だと思います。

表現するアーティストたち

イ・ヒョリさんという、私が大好きなアーティストがいます。今は、済州島でロハス生活していて、あんまり表舞台には出てこないですが、韓国でイ・ヒョリさんを知らない三〇代はいないと思います。（今の二〇代はしらないかも。）日本でいうとどういう人ですか？って聞かれるとよく安室奈美恵っています。要するに社会現象を巻き起こし、格好、服から、若い女性たちのアイコンになり、そして言葉、踊りも含めてとても影響力があった、一時代を作ったスターなんです。

彼女が、二〇一七年に「慰安婦」被害女性を思って歌を作りました。その際にテレビ番組で、「アーティストを越えて私はハルモニと連帯しますよ」と言いました。大衆文化の担い手である彼女の発言が受け入れられていく、社会の中で受け入れられていく。社会の中でアーティストたちが、自分の考えを表現している。ものすごく身震いしましたし、めちゃくちゃかっこいいと！思いました。

日本では、それが政治問題だからアーティストは喋りませんとかいって口を塞ぎます。悪しき風潮、おかしな風潮です。アーティストこそ政治的であるべきだと。またスポーツ選手も同様です。韓国でも政治的発言すればいろいろ賛否はありますよ、その論争をすることが、韓国の一つの文化、大衆文化の大事な側面でもあると思います。

韓国の音楽、文学、映画、ドラマには、フェミニズム、歴史と民主化闘争がベースになっているものが多いです。ラブロマンスでもそれらの要素があるんです。たとえば誰でも知っている「梨泰院クラス」は、階級闘争、名誉男性の存在、セクシャルマイノリティの問題、外国人との共生などを話題にドラマが展開します。もう一つの有名どころ「愛の不時着」、これは、文字通り、南北分断の話で、今の政権がどう統一を考えているかを解釈した作品です。ただのアイドル、ただの美人タレント、美しい男が出てるではなく、これは実は社会の中の動き、社会運動が背景にはあるんです。こういう韓国の大衆文化が日本語に翻訳され日本で受け入れられていくってことに、嬉しい反面、歴史や社会運動もしっかり知って欲しいと思っています。

最後に

やはり私たちは日本に生きているので、日本社会で韓国をどのように考えていくか。たとえばデモで作品をたくさん提供するアーティストがいたり、有名な俳優がキャンドルデモで歌を歌ったり。これがある意味では表現するアーティストたちが率先して一つの民主的運動の主体になっている。そのような韓国の状況、韓国のことを見て、私たちがなにを考えるか。もちろんすべて素晴らしいということだけではないので、それで批判し合いながら、日韓関係の新しい展開に進んでいけば良いなと考えています。

本稿は、二〇二二年六月六日に開催された、「ひととひと展覧会《女が5人集まれば皿が割れる》トークイベント with meeting ＃4」で講演した内容を抜粋し加筆たものです。

あとがき

私たちの社会は気を許すと弱者を切り捨て、強者のみが正統な道を歩けるような仕組みを持っています。知らないうちに、そのつもりもないのに「差別」をしてしまいます。安倍政権以降、元々あった弱者やマイノリティに対する「差別」が政治の世界で自己責任として肯定されるようになり、「格差」「貧困」「差別」が常態化しています。この辺りは梁英聖さんの論考でメカニズムを知ることができるでしょう。私は、旧植民地朝鮮から渡日した子孫であり、「女」であるために多くの社会制度、社会慣習などから排除されてきています。従って人よりも敏感に差別や抑圧に反応できるようにされてきました。他方で、小学校から中・高・大そして大学院へと行くことができた私は、その世界の中でも「稀」な存在です。日本でも多くの子どもたちが貧困に陥り学びたいのに学べない若者も多くいます。これについては元文部科学省事務次官だった前川さんの論考で、日本政府が子どもたちの学びを軽視し、権力者に都合の良い人間を育てる教育を目指していることがわかります。

昨今、政府が弱者ではなく強者をサポートし、社会制度の脆弱性が露呈している問題については、歴史問題、家族制度の問題を通して能川さんが述べています。一読者としても同じ社会を変革する仲間としても大事な論点が詰まっています。

大変多忙にもかかわらず執筆くださった、この三名の方には改めて大変感謝します。そして、「聡子の部屋」を企画してくれた落合博さん、鈴木陽介さん、「ひととひと」のみなさん、また今回のプロジェクトを一から立ち上げ、根気よく編集してくださった有限会社くんぷるの浪川七五朗さんにも感謝を申し上げます。

最後に、私の基盤であり、「おじさん」政治を打破すべく日々共に活動し、本書を楽しみにしている、ふぇみ・ゼミ運営委員の飯野由里子さん、熱田敬子さん、河庚希さん、そして一六名のスタッフには、もっとも感謝を伝えたいと思います。口だけ、文章だけの人間にさせない力をありがとうございます。一人一人の行動は大したことがなくても、多くの人が動きだせば、必ず「おじさん」政治をなくすことができます。今はそれを信じて行動するのみです！　本書もその一環であると信じています。

梁 永山聡子

著者紹介

前川 喜平（まえかわ きへい）

元文部科学事務次官。現在は右傾化を深く憂慮する一市民として、また自主夜間中学のスタッフとして活動。現代教育行政研究会代表。主な著作に『権力は腐敗する』毎日新聞出版、『面従腹背』毎日新聞出版、『前川喜平が語る、考える。』本の泉社、など。

能川 元一（のがわ もとかず）

神戸学院大学などで非常勤講師。未来のための歴史パネル展制作委員会共同代表。ネット右翼などを研究。主な著作に『海を渡る「慰安婦」問題——右派の「歴史戦」を問う』共著・岩波書店、『右派はなぜ家族に介入したがるのか：憲法24条と9条』大月書店、など。

梁 英聖（リャン ヨンソン）

反レイシズム情報センター（ＡＲＩＣ）代表。一橋大学大学院言語社会研究科特別研究員。主な著作に『レイシズムとは何か』（ちくま新書）筑摩書房、『日本型ヘイトスピーチとは何か：社会を破壊するレイシズムの登場』影書房、など。

梁 永山 聡子（ヤン ナガヤマ サトコ チョンジャ）

立教大学兼任講師。特定NPO法人アジア女性資料センター理事。ふぇみ・ゼミ運営委員。トークイベント「聡子の部屋」ホスト。主な著作に『社会学理論のプラクティス』共著・くんぷる、『私たちの「戦う姫、働く少女」』共著・堀之内出版、など。

右傾化・女性蔑視・差別の日本の「おじさん」政治

2021年10月8日初版発行
著者　前川喜平・能川元一・梁英聖・梁 永山聡子
編集　梁 永山聡子
発行所　（有）くんぷる
印刷製本　モリモト印刷株式会社
ISBN978-4-87551-056-7

本書へのお問い合わせはinfo@kumpul.co.joへメールまたは
042-725-6028へFAXにてお願します。定価はカバーに記載しています。